夢とお金をガッチリつかむ

金トレ!!

改訂版

リベラル社

大バーゲン
キーーーッ
ワーワー
竹山 恵（28歳）派遣の事務員 物事をあんまり深く考えない楽天家 バーゲン大好き！
大漁大漁～
おトクに買えちゃった
おまたせ～
あっ 恵！ おそーい
すごい荷物ね 全部服？
そうそう安くなってたからついね～
ドサ
ファジーネーブルひとつ
かしこまりました。

大学のときから変わらないね～ 派遣の仕事もがんばってるの？
うん そろそろ習い事でもしよっかな～
いいな～ 私は残業ばっかり
正社員はそこが辛いよね
でもおかげでもうすぐ貯金が200万になるんだ
すご～い 私はやっと150万
私も～
に…200万!?
恵は？ 貯金してるの？
えっ
う、うん まぁ…
貯金ゼロ
私…ヤバイ？
あっ そういえば さぁ

もくじ

第1章 毎日のお金

第2章 人生のお金

第3章 備えるお金

第4章 増やすお金

人物紹介

竹山 恵 (28)

欲しい物はガマンせずに買ってしまうバーゲン大好きな派遣OL。もちろん貯金はゼロ！彼氏いない歴５年目に突入！

竹山 健太 (26)

フリーランスとして独立したばかりのwebデザイナー。姉の恵と同居中。コレクションしているアメコミフィギュアには糸目を付けずにお金を使う。

永田 英樹 (32)

恵の大学時代の先輩。憧れのマイホームを買うためにコツコツと貯蓄に励んできたしっかり者。大の愛妻家。

永田 陽子 (30)

お料理上手の英樹の妻。お金のことはさておきマイホームへの憧れが強く、ついつい夢や妄想ばかりが膨らんでしまいがち。

松下 直美 (40)

英樹の会社の先輩。シングルマザーで10歳の息子と２人暮らし。離婚・子育てを機にお金について猛勉強し、ファイナンシャル・プランナーの資格を取得。

おばあちゃん

他界した恵と健太の祖母。生前は家計の達人で、好奇心・向上心旺盛なしっかり者。頼りない孫たちに喝を入れるため、ブタになって現れた!?

第1章 毎日のお金

お金を貯めて何がしたいか目標を立て

効果的なお金の使い方や

貯め方のポイントを押さえて

夢や目標をどんどん叶えていきましょう。

ただいまー
ハァ…
コンビニ
おかえりー
あれ？
何かあった？
竹山 健太（26歳）
フリーランスの
webデザイナー
アメコミの
フィギュアに目がない
そっかー
貯金ね
意外とみんな
しっかり
してるんだね
ビール
GAME
コンビニ
覚えてる？ 死んだ
ばあちゃんがこれ
残してくれたよね
コト…
これでお金を
貯めるんじゃよ
わ～♡
ばあちゃん
やりくり上手
だったよね
私たちも
同じ血を
引いてるのにね
…まぁでも

そのうち
何とかなるかーっ
あははは
あははは
ピカー!
円
うわっ
何?
ポーン
そんなんじゃ
ダメじゃや!!
ブツブツ
ぶ…
ブタ!?
キャー
しかも
しゃべった!?
コラッ
よう聞け
ワシじゃ
ばあちゃんじゃ
なげおったな!!
えっ
ばあちゃん!?
なんで!?

ワシは
この世を去るとき
こう祈ったんじゃ…
フ…
恵と健太が
しっかりした
大人になるまで
見守っていたい…
それではあなたの
魂をこの貯金箱の
中に入れましょう
フワ〜
おお
ス—
……
すげー
ファンタジー…
だからあの時
ブタの貯金箱を
にぎりしめて
たんだ…
そして
この貯金箱から
2人を見守ってきた…
……
なのにっ
貯金ゼロ。
……
部屋は汚い。
ピッ
ピッ
ビール
ビール
毎日ダラダラ
ポリ…
もう見てられん！
これからワシの
やりくり術を叩き
込んでやる！
わ、わかった
じゃあまず
家計簿を買って…

違う！
ブッブーッ
今までそうやって何度家計簿に挫折した？
ギクーーッ…
やりくり術の最初の一歩はこれじゃ
おばあちゃん お金の家訓
1. お金を貯めて何がしたいか目標を立てるべし
2. 1ヵ月分のレシートを集めるべし
まずはこれだけあとは今までどおり好きなようにお金を使っていい
今までどおり？
自由でいいの？節約は？
そんなのはいらんまずはこの2つだけ1カ月やってごらん
それならできそう…やってみる
うん…

貯金の目標づくり

目的がハッキリすると貯金ができる！

「将来どうなるかわからないから、とりあえず貯めよう」では、漠然としたままつい使ってしまって貯まらない…という状態に。お金を貯める目的を明確にすると、やる気がアップし貯金がうまくできます。

貯金ビギナーさんの3カ月プラン

いきなり細かく家計簿をつけようとしたり、無理な節約を始めると、なかなか続かず挫折のもとに。まずは今のお金の使い方を知り、3カ月かけて無理せず貯金できるようになっていきましょう。

1カ月目

- 貯金の目標を立てる（→Ｐ15）
- レシートを集める（→Ｐ16）
- 1カ月の収支を知る（→Ｐ20）

2カ月目

- 理想の家計バランス決定（→Ｐ22）
- 先取り貯蓄スタート（→Ｐ28）
- 固定費の見直し（→Ｐ36）

3カ月目

- 変動費の見直し（→Ｐ46）

目標を立てるポイント

まずは「お金を貯めてどうしたいか？」を自由に描いてみましょう。具体的にイメージが持てると、貯金へのやる気も高まります。

❶お金を貯めてしたいこと

「ごほうびジュエリーが欲しい」「ハワイ旅行に行きたい」など、欲しい物やしたいことを明確にしましょう。

❷お金の使い方で直したいこと

「会社帰りのコンビニ通いを減らしたい」「バーゲンでの衝動買いをやめたい」など、変えたいところを考えてみましょう。

❸どんな自分になりたいか

「毎月１万円貯金できる」「お金をきちんと使えるように！」など、貯金を通じてなりたい自分像を描いてみましょう。

描いた目標やイメージをメモしておくと、貯蓄中に思い出すことができて励みにもなります。夢の実現度を高める効果があるのでオススメ。

レシート集め

買い物時のレシート集めを習慣づけよう

買い物時にはレシートをもらい、1カ所にまとめておくようにしましょう。保管する際に『友達とのお茶代』などメモを書いておくと便利です。

レシート保管アイデア

集めたレシートはなくさないよう、簡単にまとめておきましょう。

封筒に入れる

1カ月後に集計すればいいので、この時点では項目ごとに分けなくても大丈夫。無理せず、ラクにできることが続けるコツです。

透明なケースに入れる

項目ごと(↓P17)に、透明なケースやファイルに入れるのもオススメ。レシートの量で「食費が多い」などが一目でわかります。

『カンタンお金ノート』の作り方

1ヵ月分のレシートがたまったら、ノートに貼ってみましょう。貼っていくと厚みが出るので、リングノートなどがオススメ。

❶項目ごとに分けて貼る

『食費』『交通費』『交際費』など、項目に分けて貼っていきます。

主な項目

- 食費
- 交通費
- 交際費
- 教育費
- 娯楽費
- 被服費・美容費
- 日用雑費
- 臨時支出
- その他

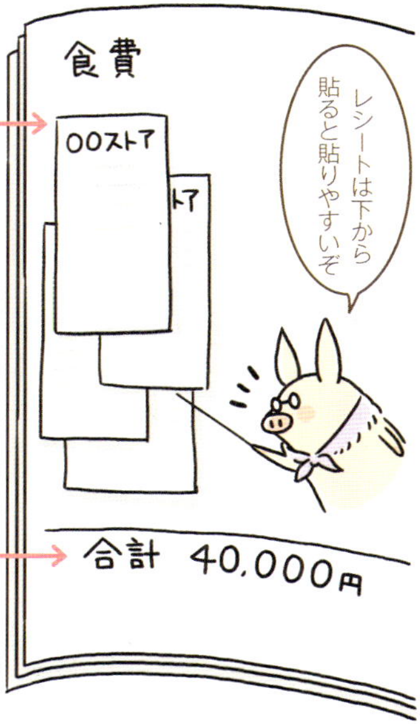

❷項目ごとの合計を書き出す

貼ったレシートの下に合計金額を記入しましょう。

レシートを貼るのも面倒な人は、各項目ごとにレシートを分けて計算し、それぞれの合計を1枚の紙にまとめましょう。

おおまかな数字で計算すればOK

ノートの目的は、1ヵ月でどのくらいのお金を何に使っているのか知ること。計算しやすいよう、1円や10円の単位は切り捨ててOKです。

いろいろな家計簿

『カンタンお金ノート』（→ P17）以外にも、いろいろな方法でお金の使い方をチェックすることができます。無理なく楽しんで続けられるものを選びましょう。

ラクに家計簿をつけたい人

メモ帳にまとめていく

買い物をしたら小さなメモ帳に『買った物』と『値段』を書き込みましょう。1ページに1日分をメモしておけば、あとから集計するときもラクです。

メリット　レシート処理をしなくて済む

外出が多い人

スマホのメモ機能を使う

移動中や休憩時などのスキマ時間に、買った物を携帯にメモしておくと便利。家計簿アプリを使うのもオススメ。

メリット　メール感覚で記録する習慣がつく

時間にゆとりのある人

家計簿をつける

細かく記録するのが好きな人は、本格的な家計簿を。実際に書いてみると、何にいくら使っているかがよくわかります。よく買う食材の価格も書いておけば、底値もわかります。

メリット 自分のお金の使い方のクセに気づきやすくなる

パソコンに慣れている人

パソコンソフトを使う

金額の入力だけで自動集計され、グラフも作れるなど、便利な機能が満載です。無料でダウンロードできる家計簿ソフトもたくさんあります。

メリット 紙の家計簿にない便利な機能が使え、集計がラク

1カ月の振り返り

自分のお金の使い方やクセを知ろう

1カ月分のレシート集めやその集計ができたら、収支の振り返りをしましょう。

振り返ることで自分が何にお金を使っているか、どこを直したらいいのかがわかります。

○△×チェック

1カ月の買い物を振り返り、○△×をつけてその内容をチェックするのもオススメ。時間が経ってから自分の買い物を振り返ると、「本当に必要だったかどうか」「買ってよかったか」を落ち着いて考えることができます。

また、どんなものに×がついたかで、自分が何に浪費してしまうのかがわかります。これから買い物するときに「今、これが本当に必要かどうか」が意識できるようになります。

- ○ 買ってよかったもの 必要不可欠なもの
- △ 買わなくてよかったもの そこまで必要でないもの
- × 買って後悔しているもの 買う必要のなかったもの

振り返りの３ステップ

１ヵ月の収入と支出のバランスをチェックしてみましょう。

❶『月収』『固定費』『変動費』を出す

月 収 **手取りで受け取る収入**
税金などが引かれ、実際に受け取る給与。給与明細などで確認します。

固定費 **毎月確実に必要な支出**
家賃・光熱費など毎月必ず支払いがあるもの。口座引き落としの場合、通帳などを見て確認します。

変動費 **毎月金額が変動する支出**
レシートや『カンタンお金ノート』などでまとめた額を記入します。

Ⓐ月収	**200,000 円**
Ⓑ固定費	**80,000 円**
住居費	60,000 円
水道光熱費	8,000 円
スマホ代	7,000 円
ネット代	5,000 円
Ⓒ変動費	**132,600 円**
食費	40,000 円
日用雑費	4,600 円
娯楽費	15,000 円
被服費・美容費	20,000 円
交際費	15,000 円
その他（交通費など）	8,000 円
臨時支出（ご祝儀）	30,000 円
Ⓓ支出合計（Ⓑ+Ⓒ）	**212,600 円**
月収ー支出合計（Ⓐ−Ⓓ）	**ー12,600 円**

❷『支出合計』を出す

『固定費』と『変動費』を足します。

❸『月収』ー『支出』を出す

書き出した金額をもとに、それぞれ計算します。

❹各支出の割合をチェック

月収に対し各支出が占める割合を計算します。P22 の『理想の家計バランス』と比べて、自分がどの項目にどれだけ使っているかをチェックしましょう。

$$\frac{\text{各支出（食費など）}}{\text{月収}}$$

タイプ別・理想の家計バランス（シングルの場合）

家族構成や状況によって、理想の家計バランスは変わります。以下を参考に、自分の家計のバランスをチェックしましょう。

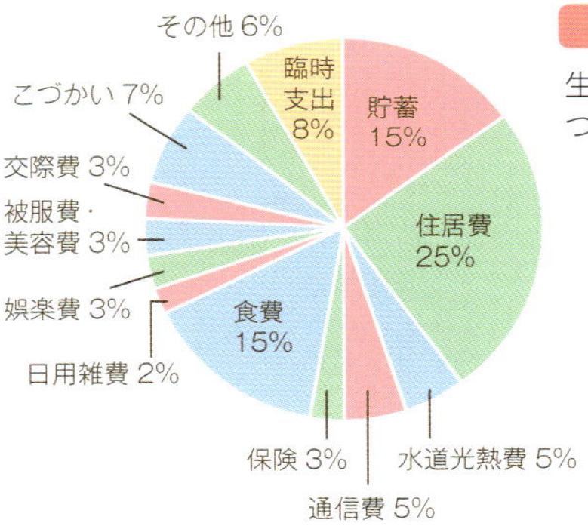

シングル（1人暮らし）

生活費を自分の収入で管理しつつ、できる範囲で貯蓄しましょう。

シングル（実家暮らし）

家賃などがかからない分、貯蓄にまわすようにしましょう。

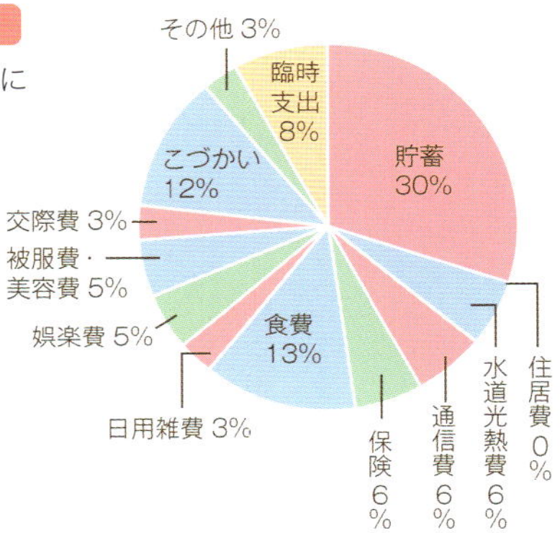

「美容関係の仕事なので、美容費は多めに」「趣味の読書は楽しみたい！」など、自分の仕事・生活スタイルに合う理想のバランスをつくりましょう。

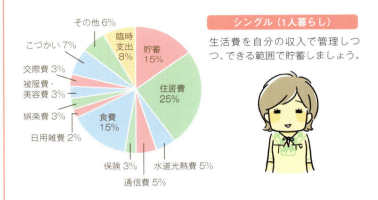

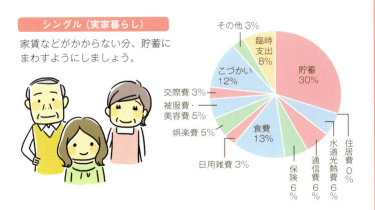

タイプ別・理想の家計バランス（既婚者の場合）

既婚者は、子どもがいるかどうかがポイントの１つ。今いない家庭も、出産予定なら早めに養育費や教育費の準備をしておくと安心です。

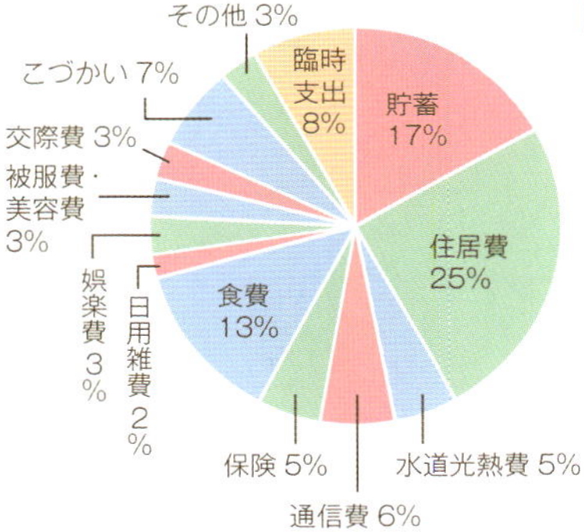

夫婦（2人暮らし）

出産予定の家庭は、子どもの養育費・教育費の積み立てを前もって進めておくのがオススメです。

子育て中（子ども1人）

子どもの成長に従って教育費や養育費が変動するので、小さい頃から備えるようにしましょう。

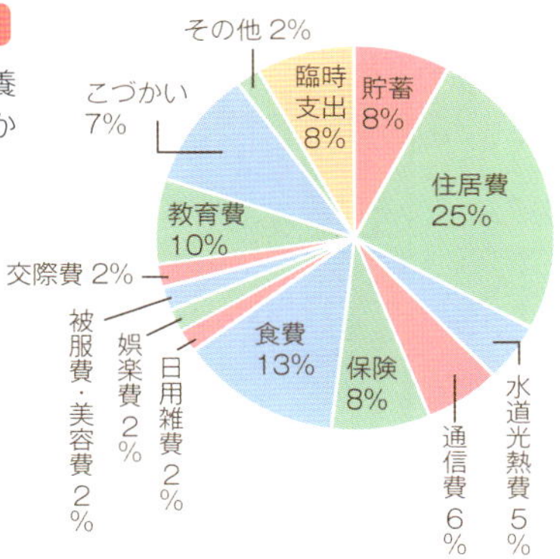

共働きか専業主婦かで収入面が変わります。どんな生活をしたいかを夫婦で話し合い、最適な家計バランスがとれるようにしましょう。

1カ月目
う〜ん
今月は赤字だね
貯金どころじゃないよ〜
つか、コンビニのレシートがやたら多くない？
ポピ
よし!!
じゃあ来月は余るように節約しよう
それを貯金！
ドーンッ
ブッブーッ
それがお金の貯まらない人の特徴じゃ！
で…でもがんばれば何とかなるんじゃ
そういって「気づいたら今月もお金ない〜」って泣いてるのは誰かの〜？
ギクッ
そ…それは…
じゃあどうしたらいいの？

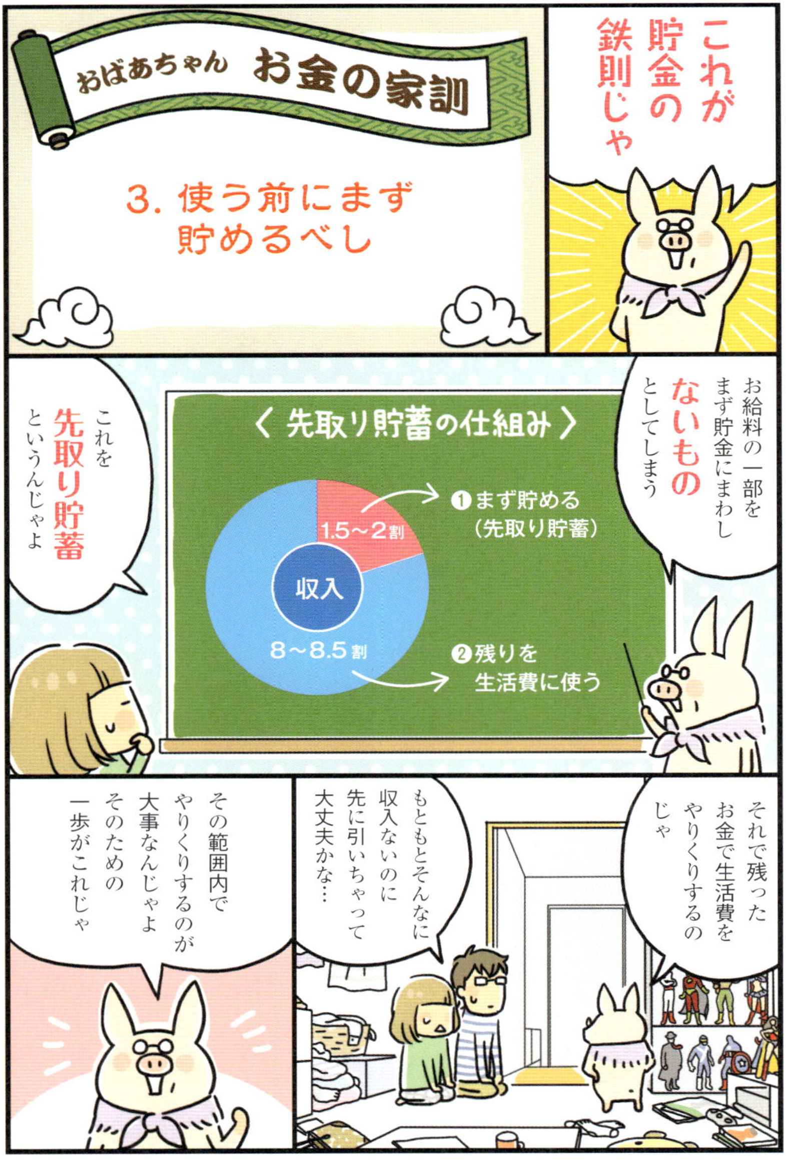
これが貯金の鉄則じゃ
おばあちゃん お金の家訓
3. 使う前にまず貯めるべし
お給料の一部をまず貯金にまわしないものとしてしまう
〈 先取り貯蓄の仕組み 〉
収入
1.5～2割
8～8.5割
❶まず貯める（先取り貯蓄）
❷残りを生活費に使う
これを先取り貯蓄というんじゃよ
それで残ったお金で生活費をやりくりするのじゃ
もともとそんなに収入ないのに先に引いちゃって大丈夫かな…
その範囲内でやりくりするのが大事なんじゃよ そのための一歩がこれじゃ

おばあちゃん　お金の家訓
4. 固定費を見直すべし
家賃・水道光熱費・通信費など毎月固定で必要なお金のことじゃ
ペロピッ
えー手続きとかめんどくさそう…
ほうこれを聞いてもそういえるかの？
健太のスマホプラン
月額 7,000円
（無料通話140分付）
カッ
でも無料通話ついてるからおトクで…
ズバリ！
!!
ポロリ…
その無料通話する相手の子と別れてもう数カ月じゃろ？
そうだったんだ…
知らんかった
うううう…
なんでそんなことまで知ってんの…
しくしく
今やスマホはゲーム専門

格安スマホに変えるとこうじゃ
健太の格安スマホプラン 変更
月額 2,000円
（無料通話なし）
毎月5,000円カット×12ヵ月
=
1年 60,000円の節約
へー
ちょっとこれすごいじゃない！さっさと変更に行きなさいよっ
こんな深夜に店やってねぇよ～
大丈夫！ネットからでも申し込める 思いついたときにすぐやっておくんじゃ
でもいつまた彼女から電話があって長電話するかわからないし…それでよりが戻ったり…
ないと思います 私が申し込むわ
あッ
パシッ
ピピピ
電気 ガス 水道
水道光熱費なども今の生活に合わせて見直すと大きな節約になるぞ
日々ケチケチすることに目くじら立てるよりもずっと効果があるじゃろ？
確かに…これは大きいわ
ポンッ
固定費は一回見直すだけで毎月の節約につながる今すぐチェックじゃ
さすがばあちゃん

先取り貯蓄

先に『貯める』ことで確実に貯金ができる

先取り貯蓄とは、毎月の収入の中から一定の金額をあらかじめ貯蓄にまわすこと。そうすることで、残った収入の金額内でやりくりするようになり、毎月確実に一定の金額を貯めていくことができます。

目安は月収の15〜20％

会社員は月収の15％、ボーナスのない自営業者・派遣・契約社員は20％が先取り貯蓄の金額目安となります。自分のライフスタイルや目標に合わせて、無理せず続けられる貯蓄額を決めましょう。

ボーナスや昇給時に
貯蓄額を増やすと
貯まるスピードもアップ！

先取り分は手を出さない

「先取り貯蓄したお金には、手をつけない」というのが、大切なポイント。「今月厳しくなって…」と引き出してしまうと、せっかくの貯金ペースが崩れ、貯まらない状態に戻ってしまいます。

先取り貯蓄にオススメの口座

会社員・公務員で勤め先に制度があれば『財形貯蓄』を、ない人や自営業者は銀行などの『自動積立定期預金』を活用するのがオススメ。

財形貯蓄	自動積立定期預金
会社員・公務員で、勤務先に制度があれば活用可	各銀行・ゆうちょ銀行などの金融機関で利用可能
給与から一定の金額を天引きし金融機関に積み立て	毎月振込まれる給与の中から一定の金額を振り替えて積み立て
一般的に普通預金より金利は高め（会社によって異なります）	普通預金より金利が高い
マイホーム購入や子どもの教育費などで低利率の融資が受けられるなどおトクな面も	ボーナスも別額で積み立て可能

3種類の財形貯蓄

財形貯蓄は目的別に貯蓄するのに便利。目的に応じて選びましょう。

	一般財形貯蓄	財形住宅貯蓄	財形年金貯蓄
目的	自由（制限なし）	住宅購入資金・リフォーム資金	老後の年金
積立期間	3年以上（1年経てば一部または全額が引き出し可能）	5年以上（住宅費としてなら5年未満でも引き出し可能）	5年以上（原則として受け取りは60歳以降）
税金	利息に対し約20%※の課税	財形年金貯蓄と合わせ、元利合計550万円（保険型商品は払込額550万円）まで非課税	財形住宅貯蓄と合わせ、元利合計550万円（保険型商品は払込額385万円）まで非課税

※2037年12月31日までは復興特別所得税（0.315%）が付加されます。

銀行の選び方

メリット・特徴を知って便利な銀行を活用しよう

お金を預けたり、公共料金の引き落としをしたりと便利な銀行ですが、提供されているサービスや商品はさまざまです。

　行きやすさや手数料などを比較して、自分のライフスタイルに合った銀行を活用するようにしましょう。

銀行の種類

銀行によって、営業している地域や扱う商品が異なります。

都市銀行

大都市に本店があり、全国に多数の支店を持つ普通銀行。

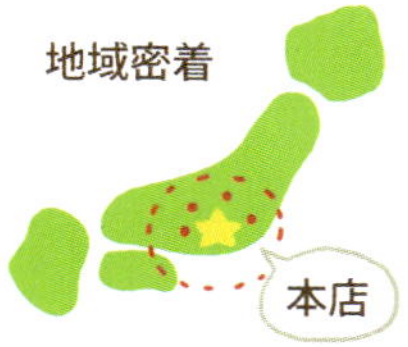

地方銀行

各都道府県に本店があり、その地域を営業基盤とする普通銀行。

ゆうちょ銀行

2007年の『日本郵政公社民営化』を受け、これまでの郵便貯金を引き継いで誕生。郵便局の窓口で利用可。

信用金庫

特定の地域の中小企業や住民を対象に営業する銀行。業務内容は普通銀行とほぼ同じ。

信託銀行

銀行業務とともに、お金・株・土地などの資産の管理・運用の信託業務を行う銀行。

メインバンクの決め方

メインバンクとは給与振込みや各料金引き落としなどの口座を置く銀行のこと。ライフスタイルに合わせ、利用しやすい銀行を選びましょう。

店舗・ATMの使いやすさ

「自宅・勤務先の近くに店舗があるか」「よく行くコンビニでATMが使えるか」など、行きやすさ・使いやすさを確認しましょう。

手数料・営業時間

各種手数料や土日の営業時間などを確認しましょう。コンビニATMで手数料がかからないサービスのある銀行も。

取り扱い商品・サービス

口座利用に加え、無料セミナーや個別相談、取引に応じた金利アップなど、銀行によってさまざまなサービスがあります。

出張や転勤が多い人は、全国に支店のあるゆうちょ銀行がオススメ。キャッシュカードがあれば、土日や夜間も手数料無料でATMが使えます。

ネット銀行

パソコンやスマホを使って24時間いつでも使える

ネット銀行とは、インターネット上で営業している銀行のこと。実店舗を持たず人件費や設備費がかからないため、通常の銀行に比べて預金金利が高く、各種手数料が安いのが魅力です。

普通の銀行と上手に組み合わせて活用

給与振込みや各種料金の引き落としなど、毎日のお金の管理は普通銀行で行い、まとまった金額は金利の高いネット銀行に預けるなど、使い分けるのもオススメ。

メインバンクとの相性を確かめて選ぼう

メインバンクと組み合わせて活用する場合は「ネット銀行のカードがメインバンクのATMで無料で使えるか」「近くのコンビニATMで両方のカードが無料で使えるか」などを確認しましょう。

ネット銀行の魅力

メリットを知って上手に活用しましょう。

24時間ネットで利用可能

パソコンやスマホでいつでも利用できるので、仕事などでなかなか銀行に行けない人にオススメ。

家でいつでも残高照会・振込みOK!

利息がたくさんついてくるよ♪

手数料が安く、預金金利が高い

ボーナスなどのまとまった金額を預けると、普通銀行よりも利息が多くつき、おトクです。

選ぶときの注意点

使い勝手がよく便利なネット銀行ですが、注意しなければならない点も。慎重に確認してから選ぶようにしましょう。

提携先の銀行・ATMがあるか

実際のお金の出し入れは、提携先の銀行やコンビニATMになります。場所と手数料のシステムを確認しましょう。

定期預金の解約制限

金利が高い分､「中途解約できない」「中途解約すると元本割れする」などの制限があることも。しっかり確認してから活用しましょう。

賢い預貯金の方法

目的・預金金額に応じて口座を使い分けよう

銀行にお金を預けることを『預金』（ゆうちょ銀行の場合は『貯金』）といいます。預金口座の種類と特徴を知り、目的に応じて賢く使い分けるようにしましょう。

目指せ！　使い分けられるオンナ

普通
積立

上手な切り替え

まずは千円単位で気軽に始められる『自動積立』で着実に貯めていきましょう。ある程度の金額になったところで『定期預金』など、より金利の高い商品を探して預け替えるとおトクです。

一定額貯まると自動積立から定期預金に振り替えてくれるものも
定期
積立

キャンペーンを狙おう

銀行のキャンペーン時に定期預金を始めると、粗品や高金利など、さまざまな特典が受けられます。ただし、金利の優遇は数ヵ月～1年程度。適用期間が終了したら預け替えるようにしましょう。

キャンペーン
今だけおトク!!
これもいいかも
ブブー！
踊らされるな!!

預金・貯金の種類

目的に合わせて、口座を上手に使い分けましょう。主な銀行の金利は、『Yahoo!ファイナンス』などのウェブサイトで調べられます。

普通預金

いつでも自由にお金の出し入れが可能。給与振込みや各種料金の引き落としなど、毎日のお金の管理に。

積立預金

自動積立の口座。基本的には指定口座から一定の金額を自動的に振り替え、積み立てていきます。

定期預金

あらかじめ決められた預け入れ期間中は、基本的に引き出し不可。期間は1ヵ月～10年。

貯蓄預金

いつでも自由にお金が出し入れでき、普通預金より高金利。一定以上の預金額が必要などの条件も。

『総合口座』とは、普通預金と定期預金を1冊の通帳にまとめたもの。普通預金の残額不足時に、定期預金の金額の90%まで自動的に借り入れ可能です。

固定費の見直し

一度見直しするだけで大きな節約効果！

『固定費』とは住居費・水道光熱費・通信費・保険料など、毎月決まった金額が必要になるもの。節約というとつい食費などに目を向けがちですが、固定費のムダをなくすことで、年間の支出を大きく節約できます。

ムダな固定費チェックリスト

見直し・改善できる部分がないか、確認してみましょう。

高すぎる保険料

不要な保障までついた保険は高額に。必要なもののみにしましょう。

使わないスマホ料金

使用状況を確認し、自分に合った最適な内容にしましょう。

行ってない習い事

複数回まとめ払いでおトクでも、通わなければ割高になります。

習慣になった娯楽費

たばこや雑誌など、習慣で買っているものも本当に必要か確認を。

水道代の節約

節水効果の高い洗濯機・食洗機を使うのも効果的です。

節水グッズを活用

水道の蛇口やシャワーにつけると、流水量が調節でき、自然と使いすぎを防げます。

食器の汚れを拭き取る

新聞紙などで油や汚れを拭き取っておくと、少ない水で簡単に洗うことができます。

ガス代の節約

ガスは一定の基本料金が決められているので、使用量のムダを省くのがポイント。

鍋に合わせて火を調節

鍋の底からはみだした火は、ガスを余分に消費することに。底に収まるよう調節しましょう。

落としぶたを活用

煮物を調理したり、鍋でお湯を沸かすときに落としぶたを使うと、熱が早く伝わり時間の節約にも。

電気料金の節約

契約アンペア数を下げると基本料金が安くなります。1人暮らしなら20～30アンペアで十分。家電の使い方のムダもなくしていきましょう。

エアコン

電気料金の中でも大きな割合を占めるエアコン代。設定温度を1℃上げると約10%の節電に。フィルター掃除も節電につながります。

温度設定を夏は「中」、冬は「弱」に切り替えましょう

冷蔵庫

季節に合わせて温度設定を変えましょう。また、冷蔵庫と壁の間にスキマを作り、中身を詰め込まず、開閉を減らすと大きな節電に。

照明

リビングなど長時間使用する場所はLED電球がオススメ。消費電力が少なく寿命も長いので、年間で大きな節約に。

通信費の節約

サービスが充実していても、活用しきれなければムダに。自分のライフスタイルに合った内容なのかを定期的に見直すことが大切です。

固定電話

一部の地域や電話番号への通話が割引になるなど、提供されているサービスを調べて活用しましょう。

ネット利用などとセットにすると安くなることも

インターネット回線を利用した『IP電話』は、固定電話より基本料金・通話料ともに割安。同じIPネットワーク加入者同士なら通話料無料に。長時間の通話や遠距離・国際電話が多い人にオススメです。

よく話す相手と通話無料になる
サービスや機種を選ぶと便利

スマホ

自分がよく使う『時間帯』『通話相手』『機能（通話・メール・ネットなど）』に最適なSIMカードや料金プランを選びましょう。

インターネット

よく使う人は、接続業者に払う『プロバイダ使用料』と通信料にあたる『接続料』がセットになったプランがオススメ。
プロバイダの料金と電気代などをセットにした割引プランが用意されていることもあります。

便利じゃの〜
The投資
電気代もおトク！

ニヤニヤ
○○銀行
フフフ
2カ月目
へへー 貯まっていく 通帳っていいね
はぁ〜
ちょっとー そんなとこで ニヤつかないでよ
キモイ!!
ポテチ
先取り貯蓄も 固定費見直しも順調! せっかくだし もっと がんばりたいな
グッ
おお それでは 次のステップへ 進もうか
いよいよ 日々の節約ね まかせて!
ピキーン
節約本
ドサッ
HOW TO
ブブーッ
えっ それって…
その前に することが あるんじゃよ
ゴチャゴチャ
そ、掃除…?
部屋の掃除じゃ
コンビニ
あっ わかった 掃除にも 節約術があるんだろ

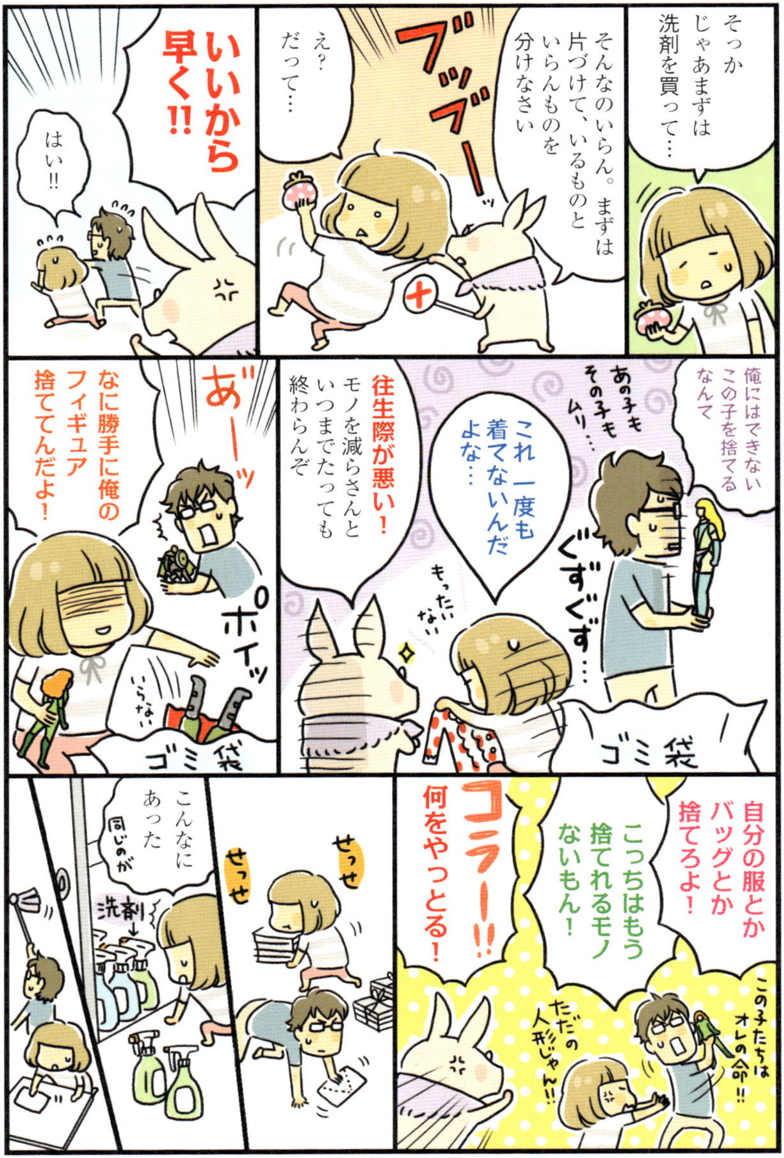
そっか
じゃあまずは
洗剤を買って…
そんなのいらん。まずは
片づけて、いるものと
いらんものを
分けなさい
ブッブーーッ
え？
だって…
いいから
早く!!
はい!!
俺にはできない
この子を捨てる
なんて
あの子も
その子も
ムリ…
これ一度も
着てないんだ
よな…
ぐずぐず…
もったい
ない
ゴミ袋
往生際が悪い！
モノを減らさんと
いつまでたっても
終わらんぞ
あ゛ーーッ
なに勝手に俺の
フィギュア
捨ててんだよ！
ポイッ
いらない
ゴミ袋
自分の服とか
バッグとか
捨てろよ！
こっちはもう
捨てれるモノ
ないもん！
コラー!!
何をやっとる！
この子たちは
オレの命!!
ただの
人形じゃん!!
せっせ
せっせ
こんなに
あった
同じのが
洗剤

ピカ
終わったー
おぉ〜
床が見える
ピカ
ふー
にしてもすごいゴミの量ね
使ってない洗剤もこんなにあったし…
で、これと節約がどう結びつくの？
ふふ それはな…
おばあちゃん お金の家訓
5. 今の自分の所有物を確認すべし
自分の持ち物がわかれば同じものは買わんじゃろ
そうね…

ついでによく使うものは置き場所を決める
そうすると探す時間も節約できるぞ
洗面台の下など
そしてこれが大切じゃ
おばあちゃん お金の家訓
6. 本当に欲しいものは代用品で済ませるべからず
バーゲンで買った服は着てるか？
実はそんなに…
安さに目がくらんで買ったものは飽きるのも早い
でももし本当に欲しいものをがんばって買ったらどうじゃ？
…すごくうれしいし大事にすると思う
そういうこと！高くても本当に欲しいものを買うのが大事じゃ
変動費も決めた金額内なら自由に使って良いんじゃよ
ケチケチしすぎると反動でムダ買いに走ってしまうからな
じゃあ範囲内ならこのフィギュアも買っていい!?
ホビー
それはいらん
キッパリ

物を大切にする掃除術

ポイントを押さえて掃除し、必要な物だけを残しましょう。整理していくなかで、自分が何を大切にしたいのかがわかり、そのためにお金を使えるようになります。

まずはこの机を…

小さな場所から片づける

いきなり押し入れなどの大きなスペースにとりかかると、時間もかかり挫折しがち。まずは机の上などの小さなところから片づけると、達成感もあり、やる気が高められます。

１回１分で気楽に

１度に全部片づけようとせず、まずは「１分だけ掃除」して、また時間があるときに続きをやるのもOK。マメに片づける習慣がつけば、キレイな空間が自然とできていきます。

１分でここまで♪

『なりたい自分』に必要か考える

今後もう必要ないと思う物を捨てると、本当に大切にしたい物が何かがわかります。「無駄づかいをなくし、持っている物を大切にしよう」という意識も高まります。

「いつか使えるかも」と思っても、その『いつか』がこなければ、『ゴミ』と同じこと。それより「これから自分が使うかどうか」で判断しましょう。

迷ったら期限付き保留箱に

1つの物を捨てるかどうかで迷うと、掃除のペースが落ちてしまいます。迷ったら保留箱に入れ、残すか捨てるかを後で判断しましょう。

使いやすい場所に置く

掃除後、日常よく使う物の定位置を決めると、使いやすくなり同じ物を買うムダもなくせます。

変動費の見直し

各項目の範囲内でやりくりする意識を

『変動費』とは食費・日用雑費・交際費など、月に応じて必要な額が変わるお金です。

使いすぎないよう、あらかじめ１ヵ月で使っていい金額を出し、その範囲内でやりくりするようにしましょう。

残額がわかると大切に使うようにもなるぞ

現金主義だと管理がラク

クレジットカードは便利ですが、何にいくらお金を使ったのかわかりにくいことも。お金の管理にまだ慣れていない人は、できるだけ現金を使うようにすると、お金の使い方やクセに気づきやすくなります。

月末に多額の請求が…
ガーン
ネットショッピングも買いすぎに注意じゃ

習慣になっているものを見直してみよう

たばこやお菓子、飲み物などは食費に含まれそうですが、習慣になっていれば固定費のようなもの。毎朝３００円のコーヒーを飲めば月９０００円にも。その習慣が本当に必要かを見直してみましょう。

回数を減らして楽しむのもOK

袋分け管理術

理想の家計バランスにもとづいた『食費』『娯楽費』『交際費』などの金額を、袋や封筒に分けて管理すると残額もわかり便利です。

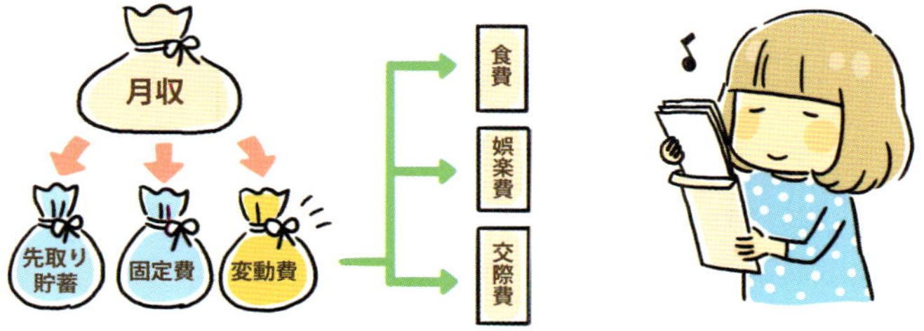

❶ 月収より『先取り貯蓄』『固定費』を引いた金額を『変動費』とします。

❷『変動費』をさらに『食費』『娯楽費』『交際費』などの各項目に分け、封筒に入れます。

❸ 買い物時に、該当する項目の封筒からお金を出すようにして管理します。

クレジットカードとの併用のコツ

カードを使いたい人は、袋分けと併用してお金の管理をしましょう。使いすぎを防ぎ、予算内でお金をやりくりすることができます。

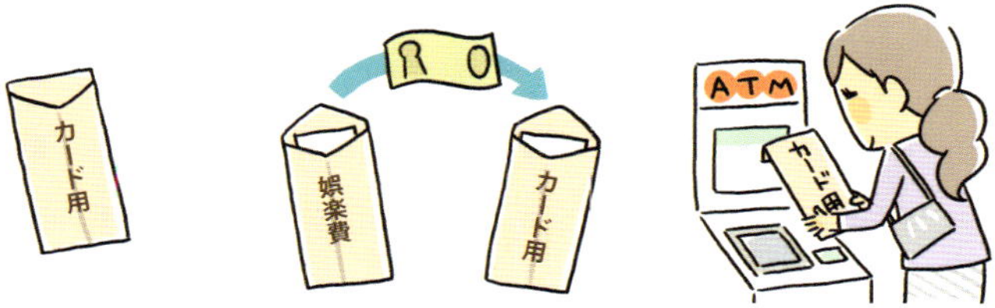

❶ 各変動費の封筒に加え、『カード用封筒』を作ります。

❷ カードを使ったら、その金額を該当項目の封筒から抜き出し『カード用封筒』に入れます。

❸ 口座引き落とし日の前に、『カード用封筒』のお金を口座に振り込みます。

クレジットカード

使いすぎに注意して賢く使おう

現金を持たずに買い物できるクレジットカード。便利な一方で、無駄づかいや買いすぎの原因になることも。

使用状況をしっかり管理し、メリットを活かして賢く使うようにしましょう。

使うは易し
SHOP
ゲッ
払うは厳し…
ブブー
請求書

カードの選び方

年会費の有無やポイント特典、サービス内容など、カードによってさまざまな特徴があります。

普段、自分がよく使う分野のカードがオススメ。ポイントを有効利用することができます。

行きつけのスーパーで
ポイント割引になるなど
特典を活用して

カードの種類

流通系カード
スーパーや百貨店が発行。特典やポイントを普段の買い物に活用しやすい。

交通系カード
鉄道・航空会社が発行。飛行機など、交通機関をよく使う人にオススメ。

石油系カード
石油会社が発行。ガソリン割引やロードサービスなど、車に乗る人に便利。

銀行系カード
銀行が発行。キャッシュカードと一体化しているものが多い。

信販系カード
ローンを扱う信販会社が発行。加盟店が多く、支払い方法も充実。

4つの支払い方法

支払い方法に応じて1回の支払額・手数料が変わります。

❶一括払い
❷ボーナス一括払い

翌月もしくはボーナス時に一括で払う方法。手数料は無料。

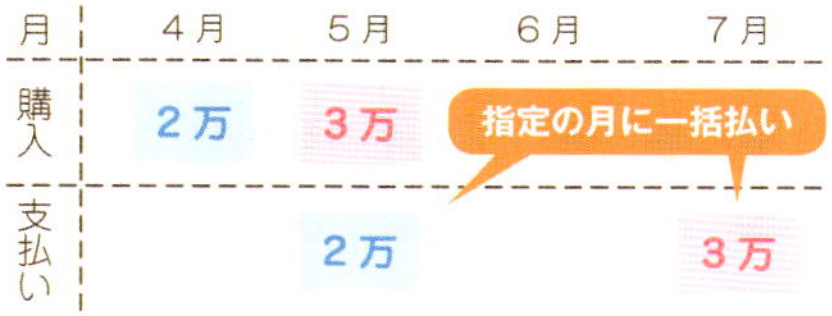

❸分割払い

2回・3回…と選んだ回数で、支払額を分割する方法。3回以上の分割から手数料が発生し、月々の返済額に加算されます。

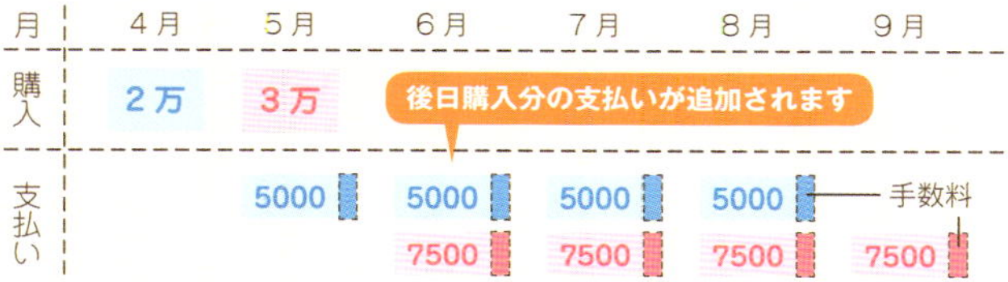

❹リボルビング払い

あらかじめ決めた一定額を毎月支払う方法。月々計画的に返済できます。手数料は残額に対して発生するため、残額が大きいと利息負担が増えます。
※カード会社によって、支払い額に手数料が含まれている場合もあります。

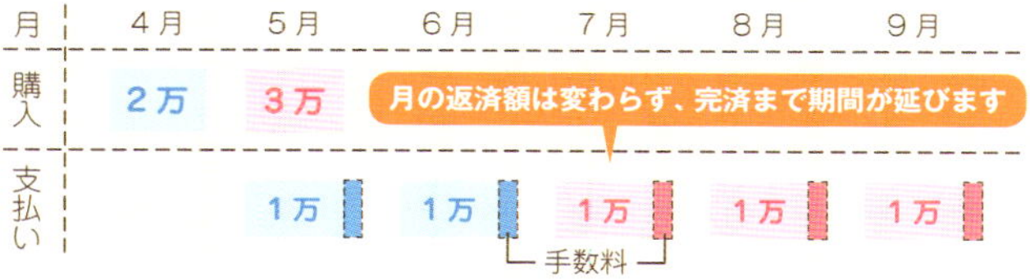

※分割・リボ払いの手数料（金利）は高く、10万円・6回分割払いで金利15%だと手数料は約4500円になります（カードの種類や会社のシステムによって異なります）。分割回数が増えると月々の支払いが少額になる分、加算される手数料も多くなるので注意しましょう。

食費

事前に計画を立てて食べきれる分を買う

食費には、スーパーの特売日やタイムセール時に行く、各食材の底値のときに買うなど、節約のポイントがたくさん。外食派の人も自炊することで食費を大幅に減らすことができます。

チラシチェックで
賢くお買い物♪

献立を決めて買う

1週間分の買い出しなら、使い切れる量だけを買いましょう。計画を立てずにあれこれ買うと、食べ切れなくて余らせてしまうことも。献立を考えておくと、ムダな食材まで買うのを防げます。

1つの食材でいろんな
献立を作れると
料理上手にも

空腹時の買い物は×

お腹がすいた状態でスーパーに行くと、食欲が刺激されてついたくさん買ってしまいがちです。

買い出しは空腹時を避けて行くようにしましょう。チョコを1粒食べるだけでも、効果があります。

つい手が…
ブッブー
買いすぎじゃ!!

食品整理術

冷蔵庫の中身が管理できていると、ムダな買い物もなくなり、電気代の節約にもなります。

冷蔵庫の中身を整理する

庫内がぐちゃぐちゃだと、うっかり食べ忘れてしまうことも。キレイに整理し、食材を期限内に食べきるようにしましょう。

食材ごとの定位置を決めておく

『肉』『野菜』『調味料』など、それぞれの定位置を決めておくと、取り出しもラクになり、在庫も一目でわかるので便利です。

レシートで食材の在庫管理

冷蔵庫の扉にレシートを貼り、使った食材にチェックを入れていくと、献立を考えるときの食材リストにもなります。

節約につながる冷凍術

安いときに食材をまとめ買いし、冷凍保存しておくと食費の節約になります。下ごしらえもしておくと、忙しいときも簡単に料理でき、時間の節約にもなります。

詰めすぎは
電気代アップに
なるので注意

まとめて買って
小分けで保存

食材は小分けにして保存

買ってきたまま冷凍すると、解凍に時間がかかり、その後すぐ使い切らないと捨てることにも。1回分に小分けすると、冷凍・解凍や調理もしやすく、食材を上手に使い切れます（→ P54）。

下ごしらえで調理がラクに

食材を使いやすいサイズに切ったり、調味料と一緒に冷凍すると、解凍後に簡単な調理だけで済み、時間の短縮にもなります。お弁当づくりにも役立ち、外食費も減らせます。

休日にまとめて
やると便利

すぐ食べないものは即冷凍

新鮮な食材を、できるだけ早く冷凍することが大切。食材は平たく伸ばすと早く冷凍できます。

水分・空気をしっかり抜く

ペーパータオルなどで水分を拭き取り、保存袋の空気をしっかり抜いて保存しましょう。食材の傷みを防ぐことができます。

日付を書き、早めに使い切る

まとめ買いしても使い切れず捨ててしまってはムダに。肉・魚は２～３週間、加熱して冷凍した野菜は１ヵ月以内に使い切るようにしましょう。

食材別・冷凍のポイント

食材に合った方法で冷凍・解凍し、便利に活用しましょう。

魚

冷凍

ペーパータオルで余分な水分を拭き取り、１尾・１切れずつラップで密封して冷凍。

解凍

冷蔵庫に移して解凍。

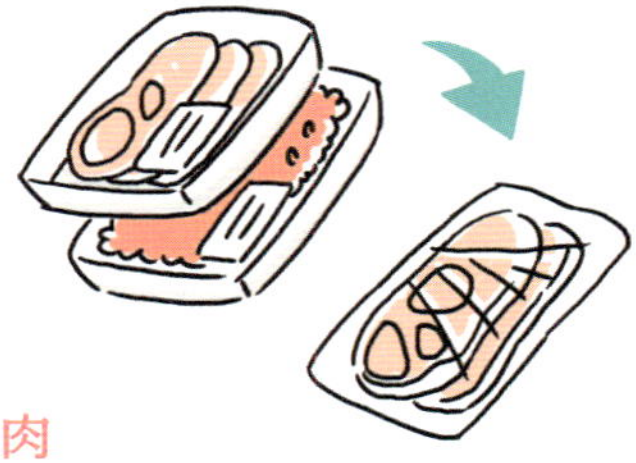

肉

冷凍

食品トレイから出して、ラップの上に１・２枚ずつ薄く平たく広げ、空気が入らないよう密封して冷凍。

解凍

冷蔵庫に移して解凍。

調理済み料理

冷凍

カレー・シチュー・煮物など、多めに作ったものは、１食分ずつ保存容器・密封保存袋に入れて冷凍。

解凍

冷蔵庫もしくはレンジで解凍。

野菜

冷凍

下ゆでし、一口大など使いやすい大きさに切り、ラップや密封保存袋に入れて冷凍。

解凍

冷蔵庫に移して解凍。

ご飯

冷凍

炊き上がったあたたかい状態で1食分ずつラップに包んで密封。冷めてから冷凍。

解凍

凍ったままレンジで解凍。

パン

冷凍

食パンは1枚ずつラップで包んで冷凍。クリームが挟まっていなければ菓子パンも冷凍可能。

解凍

凍ったままトースターで解凍
もしくは常温で自然解凍。

冷凍保存に向かないもの

水分の多い食品は不向き。解凍後に食感が悪くなったり風味が落ちてしまいます。

- 卵
- 豆腐
- こんにゃく
- かまぼこ
- 牛乳
- 生クリーム
- マヨネーズ

麺類

冷凍

生麺・ゆで麺ともに1食分ずつラップに包んで冷凍。ゆでたパスタはオリーブオイルをからめて冷凍。

解凍

常温で自然解凍。

日用雑費

日用品はなくなる前に安く購入しよう

洗剤やトイレットペーパーなど、日々使う日用品。なくなってから、あわててコンビニなどで買うと高くつくことに。

在庫を確認し、なくなる前に余裕を持って安いお店で購入するようにしましょう。

なくなる前にストックしておこう

日用雑費のポイント

いろんなお店で売っている物だからこそ、どこで買うとおトクかを押さえておきましょう。

底値を知って安く買う

レシートやチラシなどから、各商品の底値を知り、安いときにまとめ買いするようにしましょう。

ポイントサービスを活用

ポイントサービスのある店が近くにあれば、そこで購入を。ポイントが貯まり、おトクな特典も受けられます。

被服費・美容費

クローゼットを整理し 手持ちの服をチェック

ついあれもこれも欲しくなってしまう服。買い物に行く前に、今自分がどんなものを持っているかを確認しましょう。そうすることで似たような服を買うムダが省け、何を買ったらいいかがわかります。

似たものばっかり

被服費・美容費のポイント

移り変わりの早いファッション。流行に振り回されるのではなく、自分に合うものを上手に取り入れましょう。

長く大切にできる物を選ぶ

流行にとらわれず、愛着を持って長く使えるような物を選びましょう。

どんな服にも合って便利

便利なトライアルキットを活用
1,000円

まずはサンプルでお試しを

せっかく買った化粧品も、肌に合わなければムダに。まずはサンプルなどで確認しましょう。

交通費

おトクな切符を使って1回の交通費を節約しよう

長期の定期券を購入したり、回数券を使うことで1回の交通費が安くできます。夏休みなど期間限定でおトクな切符が買えることも。また、乗車券の提示で、美術館や飲食店などの割引やサービスを受けられることもあります。

金券ショップ
安く買えちゃった♡

金券ショップも活用しよう

交通費のポイント

遠出の予定が決まったら、早めに動くのがポイント。早期であるほど大きな割引サービスが利用できます。

おトクな切符を使う

早期に予約すると安くなる切符や、観光施設の入場券とセットになった切符など、割引を有効活用しましょう。

新幹線＋
ホテルの
おトクな
切符も

パソコンや
スマホで予約
できて便利

ネットで予約・申し込み

ネットで空席を調べたり、安い切符を予約できることも。切符を買いに行く時間も省けます。

購入と決済を行うチケットレスサービスも便利です。

交際費

お金の心配をせず楽しめる工夫を

友人や会社の人との付き合いは大切にしたいけど、あまりに高額になってしまうと負担を感じてしまうことも。

お金をかけなくても楽しめる方法で、お互い気持ちよく過ごせるようにしましょう。

交際費のポイント

ディナーや飲み会だけでなく、違う時間帯・場所での付き合いも楽しんでみましょう。

ランチを活用

おトクなランチなら気軽に楽しい時間を過ごせます。ネットや情報誌などのクーポンで割引になることも。

自宅パーティーを楽しむ

デリバリーや各自一品料理を持ち寄ってのパーティーもオススメ。時間を気にせず、節約にもなります。

第2章　人生のお金

就職、結婚、住居購入…

人生にはさまざまなイベントが目白押し。

何にいくらお金が必要かを知って

人生を楽しくプランニングしていきましょう。

3カ月目
スーパー
予算内に収まったねー
お金の使い方にも慣れてきたし
スーパー
ごほうびまであと少し
がんばって貯めたお金だと大事に使いたくなるよね
あれ？
あれは…
永田先輩！久しぶり
おお、竹山 偶然だな～
こちら私の大学のときの先輩
こちら私のアホ弟です～
永田です。
ども～
こんなところでどうしたんですか？

俺もそろそろマイホームが欲しくてね
会社の先輩の直美さんがFPの資格持ってるから相談にのってもらおうと思って
はじめまして
えふぴー…ですか?
ファイナンシャルプランナーの略でお金全般に関するアドバイスをしています
プピーーン!!
きゃっ
ガバッ
プピー♡
わっ
ばあちゃん
何してんの~
離れなさい
ピギー
ぐぐぐ…
じゃあ良かったらご一緒に…
すみません~
プピーン
人なつっこいブタね

松下
キレイな部屋～
直美さんは1人で男の子を育ててるんだよ
そうなんだ…すごい
おまたせー
永田くんはどんなお家が欲しいの？
カチャ
そうですね～やっぱり…
ホワワン…

憧れは
一戸建ての白い家
庭で大きな犬が遊び
休日は子どもと
キャッチボール…
ゴハンよ〜
パパー
ハハハ
ベランダには
妻の家庭菜園
帰宅するとおいしい
ご飯の香りが…
いいなぁ
私もいつかは…
その前に
彼氏だろ
ビシッ
ふふふ…
妄想中→
一戸建ては
リフォームもできて
自由に暮らせるのが
いいわね
そうです
よね!
でも
マンションなら
駅近も多く
通勤や生活面で
いろいろと便利よ
確かにマンションは
セキュリティ面でも
安心ですよね
オートロックとか
防犯カメラとか
住宅は資金をもとに
夢と暮らしやすさの両方を
踏まえて選ぶといいわよ

住宅購入

人生で一番大きな買い物 慎重に検討し購入を

住宅購入は、物件探しからローンの選択・返済計画、税金まで、やることがたくさんあります。妥協せず調べ、満足いく住宅を購入しましょう。

憧れの
マイホーム!!

将来設計をしっかりと

住宅購入は他の買い物とは違い、ローンの返済など、その後の生活にも大きな影響を与えます。先のこともしっかり考え、無理のない計画を立てるようにしましょう。

希望と将来設計の
すりあわせが大切
希望
将来設計

住宅購入の流れ

資金計画を立てる

自己資金を貯めるとともに、住宅ローンをどこにするかを調べます。ローンシミュレーションで購入可能な物件の価格の目安を出しましょう。

物件の検討

物件決定・申込・売買契約

住宅ローンの申込

物件引き渡し・入居

資金計画のポイント

「頭金を増やし、ローンを減らす」が資金計画の大原則。十分な資金準備をしましょう。

頭金は 20% 以上用意する

頭金の比率によって住宅ローンの金利が変わることもあります。物件価格の 20% を目安に頭金を準備しましょう。

3000万の物件なら
600万の頭金
頭金

引っ越し代や
家具代なども一緒に
準備しておくと安心
あれもほしい〜

自己資金は頭金と合わせて 25〜30% 用意できると安心

頭金とは別に、物件購入時には各種税金・保険料・手数料などの諸費用が必要になります。購入代金の 5〜10% が目安になります。

例）3000 万円の物件なら、目安は 900 万円（頭金 600 万円＋ 300 万円）

住宅ローンの返済可能額を計算

月々のローン返済額は、手取り収入の 20〜25%以内を目安に計算しましょう。無理なく返せることが大切です。

例）月収 35 万円の場合、毎月の返済額は 7〜9 万円弱が目安

『頭金』＋
『借りられる金額』が
購入可能物件の
目安に

← この範囲内ならOK！ →
頭金
借りられる金額

資金計画の流れ（1）

いきなり物件探しに入るのではなく、自分たちの収入とライフプランから購入できる物件の価格を決めること。これが住宅購入の第一歩です。

❶自己資産の確認

自己資産がどれだけあるかを確認します。住宅購入で貯金がほとんどなくなった…とならないよう、注意しましょう。

❷住宅ローンの月々の返済可能額の算定

手取り月収の 20 ～ 25% を目安に計算。

❸借入限度額の算定

月の返済額をもとに、返済年数や金利から借入限度額を計算します。

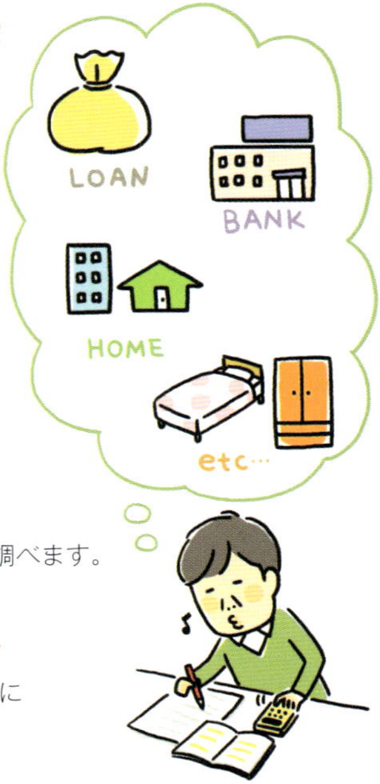

❹物件価格の予算決定

借入限度額＋頭金から物件の購入可能額を計算します。

❺諸費用の計算

物件購入以外にかかる諸費用（→ P73）を調べます。

❻ライフプランを踏まえた資金計画の検討

今後のライフプランを踏まえて、資金計画に無理がないかを確認します。

収入は手取り額で計算し、極力ボーナスに頼らない資金計画を立てましょう。使わなかったボーナスは、予備資金として貯めておくと安心です。

資金計画の流れ（2）

実際に条件を当てはめて、シミュレーションをしてみましょう。

永田 英樹（32歳）の場合

●手取り月収…35万円　●妻の陽子と2人暮らし
●妻のパート収入は貯蓄へまわしたい
●住宅ローンは60歳までに完済したい

うふふ

月々の返済目安

手取り月収の20～25%が
目安なので

35万円×20～25%
＝7～8.75万円

月々の家計
返済
何%にするかは
家計と相談

ローンの借入限度額

例 ･60歳までの28年ローン
･ボーナス払いなし　･頭金なし
･金利 1.5%（固定）　･元《がん》利《り》均等《きんとう》

7～8.75万円×12ヵ月×28年－金利分
＝1920～2400万円

ローンシミュレー
ションは銀行などの
HPでできるよ

購入可能の物件の目安

頭金が500万円の場合、
借入限度額に足して

1920～2400万円＋500万円
＝2420～2900万円

この範囲内で
物件を探そう

物件の検討（1）持ち家と賃貸

持ち家のほうが一生での住居費は安くなりますが、転勤・住み替えの可能性がある人は賃貸のほうが負担が少なくなります。

持ち家

《メリット》
- 家が自分の財産になる
- 老後に家賃の心配がない
- リフォームしやすい

《デメリット》
- 住宅ローンに縛られる
- 住み替えがしにくい

賃貸

《メリット》
- 住宅ローンの負担がない
- 住み替えがしやすい

《デメリット》
- 老後も家賃を負担する
- リフォームがしにくい

『購入する物件の想定家賃×200』の値が物件購入価格より高くなれば、人に貸す場合の利回りが6％以上となり、将来的に住めなくなったときに「ローン返済額以上の家賃で貸し出せる」「ローン残額以上で売却できる」ので良物件と判断できます。これを『家賃200倍の法則』といいます。

物件の検討（2）一戸建てとマンション

　持ち家にする場合、それぞれの特徴を押さえ、自分や家族のライフスタイルに合うほうを検討するようにしましょう。

一戸建て

《メリット》
- 家・土地が自分の資産になる
- 自由に間取設計ができ、リフォームもしやすい
- 月々の管理費・修繕積立金が不要
- ペットが自由に飼える

《デメリット》
- マンションに比べ、価格が高い物件が多い
- 郊外・駅から離れた物件が多い
- 家の管理や修繕費用は自己負担になる

マンション

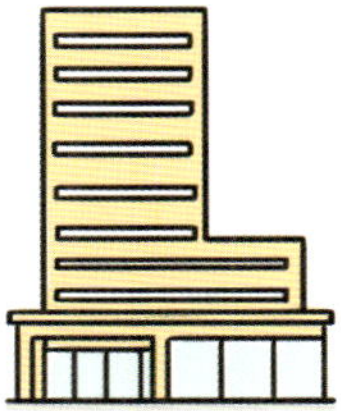

《メリット》
- 一戸建てに比べ物件価格が安い
- 駅近物件が多く、通勤などに便利
- セキュリティやラウンジなど、設備が充実している物件も多い
- 高層階は眺望もいい
- 管理会社が敷地内の掃除・管理をしてくれる

《デメリット》
- ローン以外に、毎月の管理費・修繕積立費が必要
- ペットの飼育制限がある
- 音などに気を遣う

物件の検討（3）新築と中古の比較ポイント

新築は設備が充実していて、豊富なプランから選べるところが魅力です。中古は価格が安く、駅近など立地条件のいいものもあります。

新築

《メリット》
- 最新の設備・工法が導入されている
- 最近のトレンドや人気が反映されている
- 間取りの種類が豊富

《デメリット》
- 中古に比べて価格が高め
- 購入地域が限定される
- モデルルームでの見学が基本となり、購入時に実物が見れない場合が多い

中古

《メリット》
- 新築に比べて価格が安め
- 物件数が多い
- 購入可能地域が広い
- 実物を見て購入できる
- 実際に住んでいる人の話が聞ける場合もある

《デメリット》
- プランが限定される
- 最近の生活スタイルに合わない間取りや設備のところも多い
- ライフスタイルに応じてリフォームの必要も

購入後の諸費用

家の購入後にも必要な費用があります。それらも踏まえて資金計画を立てるようにしましょう。

固定資産税

土地・建物の所有者に毎年かかる税金。住んでいる地域や物件によって、税額は異なります。

都市計画税

市街化区域内の土地・建物の所有者に毎年かかる税金。固定資産税と合わせて支払います。

団体信用生命保険料（団信）

被保険者が高度な障害を負ったり死亡した場合、ローン残額を返済してくれる保険。銀行ローンは原則加入で、金額は金利に含まれます。がん保障付・3大疾病保障付などもあります。

（マンションの場合）維持管理費・修繕積立金

マンションの場合、維持管理費と修繕積立金を毎月払います。物件によって金額はさまざま。

住宅ローン

ローン・金利の種類と今後の動向を見て選ぼう

購入後も数十年にわたって支払うローン。目先の利益だけで判断せず、10年・20年先のことも踏まえ、無理のない返済計画を立てましょう。

家計と相談して明るい返済計画を

審査基準

住宅ローンを組む際の主な審査基準の一例です。

勤務３年

勤務期間

現在の勤め先に３年以上勤務（自営業者は事業実績が３年以上）

200万円

年収

前年度の税込み年収が200万円以上

保険加入◎

保険の加入

団体信用生命保険の加入条件を満たしている

80歳

年齢

借入時が満20歳以上満70歳以下で、最終返済時に満80歳以下など

住宅ローンの種類

大きく分けて 3 つのローンが利用できます。

民間融資

銀行・生命保険会社・JA・住宅ローン専門会社などが行うもの。返済は 35年以内で、借りられる金額・金利は金融機関で異なります。

なんじゃこりゃ
金利は『固定』『変動』『固定金利選択』など（→P76）
固定
変動

50年…
最長50年のフラット50もあるぞ
35年
50年

フラット 35

住宅金融支援機構と民間の金融機関が提携し、購入金額の全額を借りられるもの。最長 35年の長期固定金利で金利はさまざまです。

公的融資（財形住宅融資）

財形貯蓄（→ P29）が 1 年以上、残高 50 万円以上で、残高の10倍まで融資が可能（上限は 4000万円）。勤務先や住宅金融支援機構で取り扱っています。

5年ごとに金利を見直します
財形

金利の種類

借りた額に応じて支払う利息の割合を『金利』といいます。タイプによって後の返済額が大きく変わるので、長期的な目で選ぶようにしましょう。

固定金利型

ローン完済までの金利が一定。安定した返済プランが立てられ、将来の金利上昇リスクを回避できます。

変動金利型

経済状況で金利が左右され、通常半年ごとに見直されます。低金利時には返済額が抑えられます。

固定金利選択型

一定期間の固定金利の後、変動にするか固定にするかを選べます。固定期間が短いほど金利は低め。

金利選びのポイント

以下を参考に、ローンを組むときの金利や景気の動向、自分のライフプランなども踏まえて慎重に選びましょう。

固定金利が向いている人

- ローンの支払額を確定させたい
- 借入額が収入に比べて多い
- 返済期間が長い
- 大きな出費予定（教育費など）がある

変動金利が向いている人

- 借入額が収入に比べて少ない
- 返済期間が短い

※固定と変動を組み合わせた『ミックスプラン』もあります。

金利・返済期間による支払額の違い

金利・返済期間の組み合わせによって、かかる利息と総支払額も変わります。毎月の返済額と合わせ、自分に合うプランを選びましょう。

例）借入額 2500万円・金利 1.5%・完全固定・元利均等の場合

返済期間	借入元金	総利息額	総支払額	毎月返済額
25年	2500万円	500 万円	3000 万円	10 万円
30年		607 万円	3107 万円	8.7 万円
35年		715 万円	3215 万円	7.7 万円

例）借入額 2500万円・金利 2.5%・完全固定・元利均等の場合

返済期間	借入元金	総利息額	総支払額	毎月返済額
25年	2500万円	865万円	3365万円	11.3万円
30年		1057万円	3557万円	9.9万円
35年		1254万円	3754万円	9万円

金利と期間によって
100万以上違うんじゃの～
すごいのう

※上記は概算のため、実際の支払額と異なる場合があります。

ローンのチェックポイント

❶ ローン完済時の年齢が 65 歳以上
❷ 借り入れ総額が手取り年収の 5 倍以上
❸ 物件購入計画が、変動金利型の現在の返済額にもとづいている
❹ 住宅購入後、貯蓄がなくなる

2つ以上
当てはまる場合は
見直しを

住宅借入金等特別控除（住宅ローン控除）

10年以上のローンで住宅を購入した人に、所得税が還付されます。『一般住宅』か『長期優良住宅』かで控除額が異なるので、購入時に確認を。

※控除期間は最長10年間。
※所得税から控除しきれない場合、住民税からも一部控除されます。

一般住宅

居住年	控除対象となる借入金の年末残高の限度額	控除率	控除上限	合計最高控除額
2014年4月～2021年	4000万円	1.0%	40万円	400万円

認定長期優良住宅（一定以上の耐震性・耐久性を持つ住宅）

居住年	控除対象となる借入金の年末残高の限度額	控除率	控除上限	合計最高控除額
2014年4月～2021年	5000万円	1.0%	50万円	500万円

手続き

会社員・自営業ともに年度末の確定申告で手続きします。
（会社員の場合、2年目以降は勤務先の年末調整で控除できます）

10年以上の住宅ローンを組んだら申請しよう

適用条件は以下のとおりです

- 住宅ローンの返済期間が10年以上
- 住宅取得後の6ヵ月以内に入居
- 控除を受ける年の所得が3000万円以下
- 登記簿上の床面積が50㎡以上
- 店舗・事務所と併用する場合、居住部分が全体の1/2以上
- 中古の場合、築20年以内（耐火構造物件は25年以内、または新耐震基準物件であること）
- 物件取得の年の前後2年間（計5年間）に、居住用財産を譲渡した場合の長期譲渡所得の課税の特例などの適用を受けていないこと

近親者からの住宅購入援助

住宅購入者の半分以上が、親からの援助金を購入資金にあてています。金額によっては贈与税が発生するので気をつけましょう。

贈与の場合

以下の税制優遇制度を活用すれば、自己資金が少ない人でも援助を受けて住宅購入ができます。

ありがとう
贈与

暦年《れきねん》課税制度

年間110万円までなら、非課税で贈与が可能です。相続財産を減らすことができ、結果として相続税が安くなります。

住宅取得等の贈与税の非課税制度

親・祖父母から、20歳以上の子・孫が住宅取得資金の贈与を受けた場合に、一定額まで非課税となります。(2021年12月31日まで)

相続時精算課税制度

65歳以上の親から20歳以上の子(子がいない場合は20歳以上の孫も含む)には2500万円まで非課税で贈与可能(住宅取得等の資金の場合、親の年齢制限なし)。贈与者が亡くなったときには『遺産額』+『贈与を受けた財産』に相続税が発生します。

貸与の場合

両親に限らず、親戚や知人から借りるのも手。無利息で借りると贈与とみなされることもあるので、一般的な金利を目安に。

《メリット》
- 手続きが簡単
- 金利を多少低めにできる
- 保証料など諸経費が不要

相手が身近な人でも
書類などきちんと
作りましょう

貸し主が平均寿命を超えない範囲での返済期間を組み、借用書を作成しましょう。振込み記録や領収書で返済の記録を残すことも大切です。

ありがとうございます
帰ったら妻と
相談してみますね
パタン
家って
こうやって
買うのかー
ポイントが
わかれば安心して
選べるのよ
ワイ
ワイ
…
恵ちゃん
どうかしたの?
あ…
いえ、その…
直美さんは
すごいな～って
仕事しながら
子育てもして
さらにFPの資格も…
私とは全然違うなって
めんどくさい
ズルズル
だらだらと
過ごした日々
バーゲン♪
バーゲン♪

姉ちゃん何いって…
そんなことないわよ
ビシッ…
え？
私も一緒
ニコッ
貯金もなかったし
この先どうなるのか
いつも不安だったわ
ハー
今月も赤字…
どうしよう…
○○銀行
そうなんですか…

でも
そんなときに私も
できることから一歩ずつ
進めばいいって
周りの人に教えて
もらったの
カリ
カリ
そこからお金の
勉強を始めて
一つ一つ形にして
いったのよ
いろいろ失敗も
したけどね
そうなんですね
実は私
正社員にならないかって
話をもらってるんです
社会保障
自由な時間
どっちがいいかな？
でも勤務時間や
仕事も増えると
思うと迷っちゃって
それはこれから
恵ちゃんがどんな
人生を過ごしたいかで
決まってくると思うわ

人生で自分のやりたい
イベントを考えて
年齢を入れてみて
人生のイベント
就職・転職
歳
結婚
歳
出産
歳
子育て
歳
住宅購入
歳
人生でいつ
どんな夢を叶えて
いきたいか
設計することを
ライフプラン
というの
いろいろ
あるなぁ
住宅購入
僕は今
ここですね
イベント一つ一つに
必要なお金を知って
希望のライフプランを
立ててみましょう
マイホーム
やっぱ
ねえちゃんは
まず
彼氏だな
あんた
もね

仕事スタイル

多様化する働き方　長期的な視点で選ぼう

正社員・派遣社員・自営業（フリーランス）…それぞれにメリット・デメリットがあり、収入面にも大きな違いが。自分のライフプランに合うものを選びましょう。

生涯賃金はいくら？

大卒・大学院卒の女性で60歳まで正社員で働いた場合の生涯賃金は2億2000万円。※ 女性の派遣社員で月給20万円で同じ期間働いた場合、正社員のおよそ４割の約9100万円です。

※『ユースフル労働統計2017』より。

パートは年収に注意

パートの場合、年収が103万円を超えると所得税が発生し、結婚している女性は夫の配偶者手当の支給対象外になることも。さらに130万円（一部、106万円）を超えると社会保険料を払う必要が出てきます。

仕事スタイルの違い

　メリットのみで判断せず、自分の生活スタイルやライフプランに合うものを慎重に選びましょう。

	メリット	デメリット
正社員	●生涯賃金が多い ●雇用が安定している ●昇進・昇給がある ●ボーナスがある ●社会保険が整備されている ●福利厚生が充実 ●会社の研修制度などでスキルアップできる	●職務上の責任が大きい ●異動や転勤の可能性あり ●残業を断りにくい ●社内の人間関係に気を遣う 
派遣社員	●ライフスタイルに合わせて職種・勤務時間など選べる ●専門スキルが磨ける ●いろいろな仕事・職場を経験できる 	●雇用が不安定 ●交通費・ボーナス・退職金などが出ない場合も多い ●生涯賃金が低い ●休みの多い月は収入が減る ●責任ある仕事が任されにくい
自営業	●時間を自由に使える ●自分の好きな仕事内容・スタイルで働ける ●家庭や子育てとの両立がしやすい	●収入の保証がない ●営業・経理など、すべてを自分で管理する必要がある ●ケガや病気のときのフォローが大変 

転職・退職

離職後の支えをしっかり準備しよう

収入が途切れる転職・退職。再就職までの備えをしっかりと準備しておきましょう。

失業給付などを受け取るための条件や手続きを確認しておくことも大切です。

転職するぞ!!

離職時に必要なお金

次の転職までは生活費に加え交通費や情報収集費など、さまざまなお金が必要になります。離職時は100万円程度の資金を用意しておくようにしましょう。

面接のためのスーツや
交通費も重要です

退職金について

非常勤職員以外の公務員は法律にもとづいて退職金がもらえますが、一般の会社では必ず支給されるとは限りません。就業規則などで、勤務先に退職金制度があるかを確認しておきましょう。

意外と少ない…
退職金
勤務年数にもよるぞ

失業給付の支給条件

働く意思がある人の再就職を支える『失業給付』。ですが、離職後に誰もがもらえるわけではありません。以下の給付条件を確認しましょう。

条件

●雇用保険に加入していること
離職前の2年間に12ヵ月以上加入
（会社の倒産や解雇で離職した場合は、
離職前の1年間に6ヵ月以上加入）

●現在失業していること

●再就職の意思があり、現在再就職活動をしていること

手続き

以前の勤務先から受け取った離職票を、ハローワークに提出。受給説明会に参加し、失業認定を受けると退職状況に応じて支給されます。

失業保険の給付中、早めに再就職先が決まり、要件を満たした場合は『再就職手当』が支給されます。

支給されない人

海外留学や結婚などで再就職の意思がない人は、もらうことができません。

後日支給される人

妊娠やケガ・病気療養などですぐ働けない人は、受給期間延長の申請をすれば後日支給されます。

失業給付の支給額と時期

各自の退職理由や雇用保険の加入期間・年齢などに応じて、支給時期と期間・金額が変わります。

時期　退職理由で異なる

会社都合で失業した人は、7日間の待期期間後すぐに支給。
自己都合の人には給付制限期間があり、3ヵ月は支給されません。

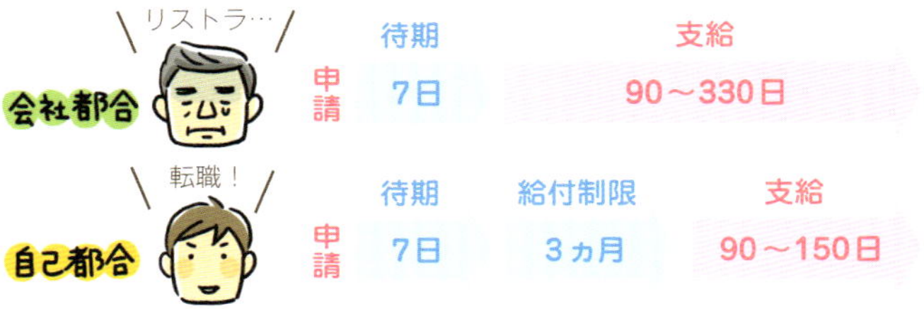

金額　年齢・勤務期間で変化

1日にもらえる基本手当日額は、離職前6ヵ月間の1日の平均賃金の50～80%。年齢ごとに決められた上限があります。

基本手当日額の上限

年齢	支給上限
30歳未満	6710円
30歳以上45歳未満	7455円
45歳以上60歳未満	8205円
60歳以上65歳未満	7042円

※2017年8月1日現在。

期間　加入期間・年齢などで変化

支給期間は雇用保険の加入期間·年齢·退職理由などで変わりますが、基本的に会社都合のほうが長くなります。

自己都合の場合

被保険者期間	支給期間
1年以上10年未満	90日
10年以上20年未満	120日
20年以上	150日

失業・転職でもらえる手当

再就職支援のためのさまざまな手当・制度があります。

職業訓練の各種手当

失業給付の受給中には、無料で職業訓練を受講できます。さらに受講手当（交通費がかかる場合通所手当も）が支給されます。

手当
失業給付期間が
終了しても、訓練中は
延長して受け取れます

月額10万円
＋交通費
（通所手当）が
支給されます

職業訓練受講給付金

雇用保険を受給できない人や、受給終了者が職業訓練を受講する場合、一定条件を満たせば、訓練期間中に生活支援が受けられます。

教育訓練給付金

雇用保険に３年以上加入した人が、指定された講座を自費で修了した場合、費用の20％（最高10万円）が支給されます。

Hello
English
初回のみ
雇用保険の加入が
1年以上でも受給可能

専門実践教育訓練給付金

専門性の高い指定された教育訓練について、支払った費用の50％（年間最高40万円・最大３年）が支給されます。終了後、資格取得し雇用されるとプラス20％追加給付もあります。

結婚

理想の新生活のためには２人の話し合いが大切

結婚はお互いの人生にとって大きな転換期。これからどんな生活を送っていきたいかを話し合うことが大切です。まとまったお金が必要になるので、結婚が決まったら早めに準備するようにしましょう。

結婚費用にあてられるもの

ご祝儀・援助などを結婚費用にあてることができます。しかし、これらに頼りすぎず、基本は自分たちの貯蓄で費用を準備するようにしましょう。

ご祝儀

招待客の数・年齢などによりますが、受け取るご祝儀の平均は２３０・７万円。披露宴の費用にあてるほか、新生活や出産にとっておく方法も。

親からの援助

結婚費用の一部を両親や親族に援助してもらったカップルは7割以上。総額は平均１８２万円になります。

※リクルート『ゼクシィ結婚トレンド調査２０１７』より。

結婚にかかる費用

どんな式・旅行・新生活を送りたいかで、必要な金額は大きく変わります。何を大切にしたいのかを２人で相談して決めていきましょう。

結婚式　**平均354.8万円**

豪華挙式から10万円程度のシンプルな式まで、内容によって金額は大きく変わります。２人の希望を出し合って決めましょう。

新婚旅行　**平均60.8万円**

行く場所や時期・滞在期間によって変わります。旅行に行くかわりに新生活を充実させるのもOK。

新生活の準備　**平均72万円**

新居の契約・引っ越しや、家具・生活用品の購入など、まとまったお金が必要に。優先順位を決め、必要な物からそろえていきましょう。

※リクルート『ゼクシィ結婚トレンド調査2017』「新生活準備調査2015」より。

休職時に関わるお金

突然のケガや病気で長期休職する場合、給与の支払いは会社によって異なります。収入ダウンのサポートを調べておきましょう。

傷病手当金

健康保険加入者で、ケガや病気のために会社を休む場合、休職４日目から最長１年半、給与の日額2/3が支給されます。

介護休業給付金

雇用保険加入者（１年以上）が家族の介護で休業する場合、93日を限度に給与の日額67%が支給されます。

障害年金 （→ P163）

障害状態になった場合、加入している公的年金によって障害基礎年金・障害厚生年金が支給されます。

※ほかに『医療費控除』（→ P119）、『高額療養費制度』（→ P130）などがあります。

自営業者・フリーターは貯蓄と保険でカバー

自営業者・フリーターの人が加入する『国民健康保険』に傷病手当金はありません。ケガや病気の際、医療保険や自分の貯蓄でカバーできるよう、備えておきましょう。

離婚時に関わるお金

精神的に辛い離婚ですが、落ち着いて話し合い、その後の生活やお金について必要なことを決めておくようにしましょう。

慰謝料

浮気や暴力など、離婚に至るまでの間に配偶者に肉体的・精神的ダメージを与えた場合の損害賠償として払うもの。

養育費

生活費や教育費など、子どもを養育していくのに必要なお金。子どもを引き取らないほうの親が支払う義務があります。

財産分与

夫婦が結婚後に築いた共有財産を分け合うもの。専業主婦でも、住宅や預貯金などの一定の財産をもらう権利があります。

離婚時の年金分割

婚姻期間中の厚生年金を分け合う「合意分割」と、2008年4月以降の国民年金第3号期間について、配偶者の厚生年金を分割できる「3号分割」があります。

出産

手当を活用し安心して新しい家族を迎えよう

妊娠・出産は病気でないため健康保険が適用されず、基本全額自己負担となります。ですが、もらえるお金や医療控除などがあるので、それらで費用をカバーしましょう。

準備万端で
ベビーを
迎えましょう

不妊治療にかかるお金

不妊治療は、保険が適用されるものとされないものがあります。治療費の一部を助成する特定不妊治療費助成事業もあるので、各都道府県のＨＰや窓口に問い合わせてみましょう。

１回の治療につき
15万円（初回は30万円）
まで助成されます
助成金
助成金

保険適用内（3割を自己負担）

・ホルモン異常や子宮の治療
・タイミング療法（排卵日を予測し、妊娠の確率を高める方法）
・排卵誘発剤　など

それぞれ数千円程度

保険適用外（全額を自己負担）

・人工授精　1～3万円程度
・体外受精　20～40万円程度
・顕微授精　30～50万円程度　など

※病院によって治療内容・価格などは異なります。

出産にかかる費用

新しい家族を安心して迎えられるように、万全の準備をしておきましょう。

定期健診 1回0.5～1万円

超音波検査などは別途料金がかかるので、気をつけましょう。

入院・分娩費 平均41.7万円

助産院・個人病院・大学病院とさまざまなタイプがあり、どこを選ぶかで、出産方法や金額も変わります。

『妊娠健診助成』で、健診料が無料または安くなります。地域によって14回程度の健診料が無料になることも。居住する市区町村の役所で確認を。

出産準備品 平均19.4万円

いろいろな物が必要になるので、ベビーカーやベビーベッドなどを人から譲ってもらうのもアリ。

内祝い 平均13.3万円

出産祝いをいただいたら、内祝いを贈ります。金額はいただいたお祝いの3～5割が一般的です。

産後のお宮参りを目安に贈りましょう

※生命保険文化センター『ライフプラン情報ブック』・厚生労働省『第78回社会保障審議会医療保険部会』より。

出産でもらえるお金と流れ

働いているかどうかで、もらえるお金の種類が変わります。

《すべての女性が対象》

出産育児一時金

子ども1人につき42万円

（支給）出産時

国民健康保険・健康保険・共済組合の加入者で、妊娠85日以上経過した人すべてに支給。85日以上であれば死産・流産の場合も支給されます。

自治体・健康保険によっては＋αがつくことも

出産前42日　出産　出産後56日　｜　育児休業期間　｜　子の1歳の誕生日前日

1歳になる前に職場復帰すると支給されなくなります

《働いている女性が対象》

出産手当金

給与2/3×日数分

（支給）出産のための休職期間中

健康保険に1年以上加入し、産休後に仕事をする人を対象に、健康保険から支給されます。

育児休業給付金

給与67%(6ヵ月経過後は50%)×育休期間

（支給）子が満1歳になるまでの育休中

雇用保険加入者で、育休前の2年間に11日以上勤務した月が1年以上ある人に、雇用保険から支給。

『パパ・ママ育休プラス制度』を利用すると、子が1歳2ヵ月までの間に最大1年間、育児休業給付金が支給されます。保育所に入所できないなど一定の理由がある場合は、最長2歳まで支給対象期間が延長できます。

出産費のフォロー

もしものときに受け取れる手当などについて、確認しておきましょう。

入院・手術が必要

妊娠中毒症や帝王切開などの場合、健康保険が適用されるので自己負担額は医療費の３割になります。

入院費が払えない

病院に『直接支払制度』『受取代理制度』があれば、病院が『出産育児一時金』を受け取り、入院費にあててくれます。

死産・流産した

妊娠 85 日以上経っている場合、『出産育児一時金』が支給されます。

１年間の医療費が 10 万円を超えた場合、確定申告で医療費控除を申請できます（→ P119）。出産費の一部も対象となるので、病院でもらった領収書は保管し、交通費はメモしておくようにしましょう。

子育て・教育費

子どもが小さいうちから早めの準備を

子どもが生まれると、成長に合わせてさまざまな費用が必要になります。特に教育費は、進学先によって大きく異なるもの。早いうちから貯蓄を始めるようにしましょう。

小学生になる前までが貯めどきです

子ども１人に３０００万

食費・洋服代などの『養育費』と、勉強に関わる学費や塾の費用などの『教育費』を合わせると、子どもを１人育てるのに必要な額は３０００万円とも。

塾・習い事の費用

スポーツ・ピアノ・英会話…内容や通う日数によりますが、月謝は約６０００円～１万円。教材費などが別途必要なものもあるので、よく調べるようにしましょう。

進学プラン別・教育費（1年あたり）

国公立か私立かでも異なる教育費。仕送りなどが加わる場合も。あまり費用がかからない小学校までに貯めておくのがオススメです。

幼稚園
国公立 … 約 23 万円
私立 … 約 48 万円

小学校
国公立 … 約 32 万円
私立 … 約 153 万円

中学校
国公立 … 約 48 万円
私立 … 約 133 万円

高校
国公立 … 約 45 万円
私立 … 約 104 万円

大学
国公立 … 約 66 万円
私立 … 約 136 万円

すべて国公立 … 総額 約 804 万円
すべて私立 … 総額 約 2314 万円

※文部科学省『平成 23 年度子どもの学習費調査』・日本学生支援機構『平成 26 年度学生生活調査』より。

高等学校等の授業料の負担を軽減するため『高等学校等就学支援金』が支給されます。（所得制限あり）

教育費の準備プラン

「いつ、どれだけの金額が必要か」を知り、早いうちからコツコツと貯めていくのがポイントです。

積立貯蓄

子どもが生まれたら毎月の積み立てをすぐに始めるのがオススメ。18歳までに300万円を目標にして、プランを立てましょう。

積立
子どもが大学生になるときの進学費用にあてられます

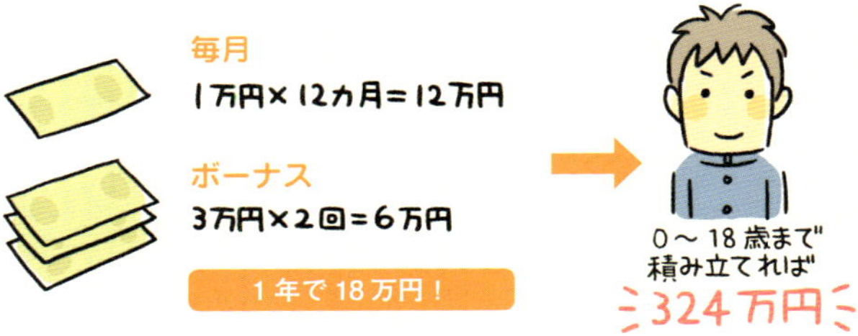
毎月
1万円×12カ月=12万円
ボーナス
3万円×2回=6万円
1年で18万円！
0～18歳まで積み立てれば
324万円

お祝い
手当金
積立

各種手当てを積立に

『出産育児一時金』(→ P96) やお祝い金・児童手当などを積み立てに回すようにするだけでも、まとまった額を準備できます。

さまざまな手当・保険

国の制度や手当などを申請し、教育費に活用しましょう。

児童手当

0歳～中学卒業前までの子がいる場合、3歳未満は月額1万5000円、3歳～小学生は第1･2子は1万円、第3子以降1万5000円、中学生は1万円が毎月支給されます。

※所得制限以上は特例給付として5000円。

目的に合わせて
選びましょう
貯蓄メイン
保障付き

学資保険・子ども保険

将来必要となる教育資金を積み立てるために利用される貯蓄性の保険です。親に万が一のことがあれば、保険料払込み免除が一般的。

幼稚園就園奨励費補助

私立幼稚園に入園・通園している子がいる場合、国から補助が受けられます。市区町村民税や子どもの人数で金額は変わります。

詳細は住んでいる
市区町村の役所で

2人目は1万40円
3人目は6020円
所得に応じて加算
されます
手当金

児童扶養手当

父子・母子家庭に支給される手当。親の所得と子どもの人数で金額が決まります。第1子には最高月額4万2500円まで支給されます。

奨学金には返済の必要のない「給付型」と卒業後返済する「貸与型」があります。貸与型は借りた額が多いほど毎月の返済額が多くなり、返済期間も長くなるため計画的に利用しましょう。

ライフプラン

楽しんで計画することが夢を叶えるコツ

ライフプランとは、「自分がどんな人生を送りたいか」を計画すること。人生の各イベントの費用を参考に、夢や希望を盛り込んだライフプランシートを作ってみましょう。

長期的なマネープランが立てられる

ライフプランを立てると、どの時期にどれだけのお金が必要かわかり、実現に向けての準備ができます。夢に向かう手応えも感じられ、貯蓄の意欲も高まります。

夢や目標ごとに口座を分けるのもオススメ

結婚や住宅購入など、数年以内に叶えたいことは元本保証の定期預金などに分けて管理しておくのもオススメ。老後資金など長期にわたって準備するものは、投資などを活用するのも効果的です。

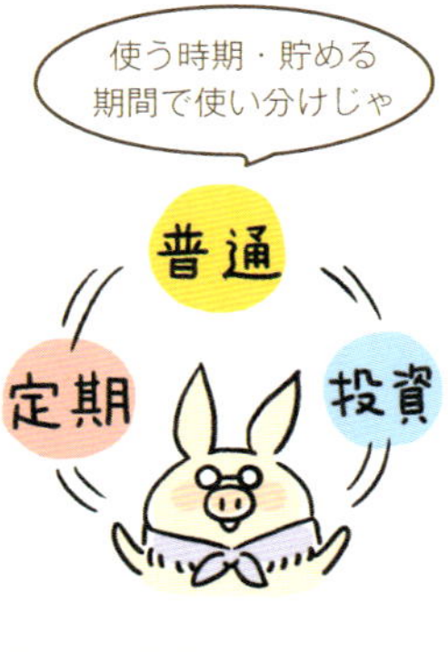

ライフプランを立てるステップ

いきなり10年、20年先のことを考えるのは難しいもの。ステップを順に踏んで、自分の夢や目標の計画を楽しく立てましょう。

❶叶えたい夢や目標を考える

『転職』『結婚』『留学』など、これからの人生で叶えたいことを自由にリストアップしましょう。

❷叶えたい時期を考える

リストアップした夢を、いつ頃叶えたいかを考えます。同じ年に複数のイベントを計画してもOK。

❸必要な費用を調べる

それぞれの夢に必要な費用を調べましょう。金額は大体でOK。大きなお金が必要なイベントが続かないように、調節しましょう。

❹ライフプランシートを作成する

叶えたい夢と時期・費用を1つのシートにまとめます。自分の送りたい人生がより具体的にイメージできるようになります。

ライフプランシートの記入方法

厳密にプランを立てようとせず、大きく自由に記入するのがポイント。書いていて楽しくなるようなシートを作っていきましょう。

大まかでシンプルなプランを

細かくプランを立てても、仕事や家族の関係で状況が変わることも。柔軟に変更できる、シンプルなプランを立てましょう。

新婚旅行はヨーロッパ… 新居で猫も飼って…

夢や希望を自由に記入

実現が可能かどうかにこだわらず、自由に夢を記入しましょう。書くことで夢が明確になり、実現度もアップします。

優先順位をつける

夢を着実に叶えていくためには、お金が必要なイベントが重ならないことも大切。叶えたい夢の優先順位を考え、時期を決めましょう。

できたシートを目につくところに置くと、夢を実現させる意欲がわきます。色を塗ったり、イメージする写真を貼ることもやる気アップに効果的。

ライフプランシート

自分や家族の名前・年齢を書き込み、それぞれの年に叶えたい夢やイベントと必要な費用を記入していきましょう。

年	私	彼	子ども	夢・イベント	必要資金
2018	28歳			友人とハワイ旅行	10万円
2019	29歳	32歳		資格取得	20万円
2020	30歳	33歳		結婚	400万円
2021	31歳	34歳			
2022	32歳	35歳	0歳	出産	70万円
2023	33歳	36歳	1歳		
2024	34歳	37歳	2歳		
2025	35歳	38歳	3歳	家族旅行 ペットを飼う	40万円 10万円
2026	36歳	39歳	4歳		
2027	37歳	40歳	5歳		
2028	38歳	41歳	6歳	住宅購入	600万円 （頭金）
2029	39歳	42歳	7歳		
2030	40歳	43歳	8歳	パン教室に通う	20万円

第3章 備えるお金

突然のケガや病気など
いざというときにも困らないよう
保険の仕組みや老後の生活について知り
万全の備えをしておきましょう。

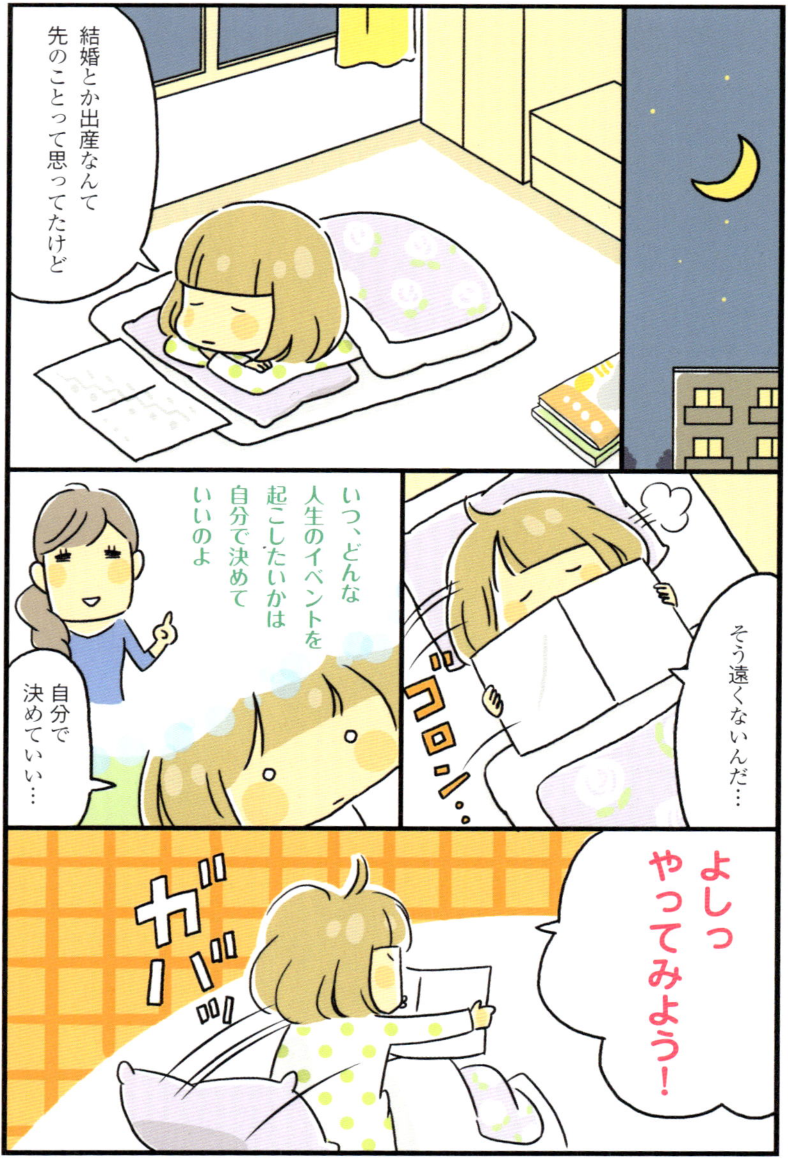

結婚とか出産なんて先のことって思ってたけど
ゴロン…。
そう遠くないんだ…
いつ、どんな人生のイベントを起こしたいかは自分で決めていいのよ
自分で決めていい…
ガバッ
よしっやってみよう！

ライフプラン
実現のためにも…
正社員目指して
がんばってみよう！
カリカリ
7月
ここはこうして
ハイ
ハイ
これたのむよ
8月
ジューッ
よっ
9月
スーパー
10月
通帳
ムフフ♡
めでたく
正社員に！
ヤッターーッ

姉ちゃん正社員！初のお給料！おめでと～っ！
カンパーイ！
ぐび
といってもプチ贅沢だけどね
でも姉ちゃん自炊するようになって料理もうまくなったよね
正社員になったし貯金にもプラスかも♪
給与明細
でも明細見るといろいろ引かれててリッチ！って感じでもないのよね
パタ
雇用保険
お先に～
健康保険
パタ
民税
所得税
厚生年金
パタ
手取りは派遣のときより減ってるしなんか損した感じ？

そんなことはないぞ 引かれてる分 得ている恩恵も 多いのじゃ
そうなの？
払っている税金の分 きちんと保障がついてくるんじゃよ
払いすぎた分
税金
還付
払いすぎた分
わー!!
年末の調整で 払いすぎた分も ちゃんと返って くるんじゃ
健太は自営業じゃから 確定申告じゃろ？ 準備はできてるのか？
ビシッ
ギクッ
そ、それが イマイチ わからなくて…
まったく
フンッ
じゃあここで お給料の仕組みから おさらいしようかの

給与の仕組み

給与から差し引いた額で会社を通じて納付

会社員の人が実際に受け取る給料は、会社から支給される金額から税金や保険料などが差し引かれた額になります。給与明細から、きちんと納付されているか確認しましょう。

源泉徴収で納税がラクに

給与から税金を天引き、社員にかわって会社が納税することを『源泉徴収』といいます。年末に渡される『源泉徴収票』とは、給与から引かれた所得税を正しい金額に調節したもの。税金を納めすぎていた場合、年末調整後に還付金が返ってきます。

自営業・バイトの人は自分で納税手続きを

会社員は納税を会社が代行してくれますが、自営業者やアルバイトの人は住んでいる地域の役所で『国民年金』『国民健康保険』の加入手続きをし、必要な人は税務署で確定申告し、納税しましょう。

給与明細の見方

支給項目					
基本給	職務給	役職手当	資格手当	皆勤手当	
180,000	10,000			5,000	
時間外手当	住宅手当	家族手当	通勤手当		
45,000	15,000		8,000		

総支給額
263,000

控除項目			
厚生年金	健康保険	雇用保険	介護保険
21,336	12,324	1,578	
所得税	住民税	組合費	財形貯蓄
7,000	6,000		5,000

控除合計額
53,238

差引支給額
209,762

※上記は一例です。

総支給額（額面金額） － **各種控除（税金・保険料）** － **貯蓄など** ＝ **差引支給額（手取金額）**

- 総支給額：会社からの支給額
- 各種控除・貯蓄など：天引きされる金額（下の欄参照）
- 差引支給額：実際に受け取る額

給与から天引きされるお金

税金

所得税
年間の所得に応じて国に支払い、過不足は年末に調整。

住民税
年末調整で確定した所得額をもとに市区町村に支払います。

社会保険料

厚生年金保険
国民年金にも同時加入。老後を支える年金が受け取れます。

健康保険
医療費の自己負担を減らしたり、出産一時金などが受け取れます。

雇用保険
離職時の失業給付や教育訓練給付金などが受け取れます。

介護保険
40歳以上が対象。公的介護サービスが受けられます。

貯蓄

財形貯蓄
給与の一部を、会社を通じて金融機関に積立預金できます。

その他

組合費
労働条件の改善などを行う労働組合の運営費となります。

年末調整

払いすぎた税金が還ってくるチャンス

会社員は給与から税金が天引きされますが、これは給与支払額が確定される前の仮計算で行われています。そのため、年末調整でその年の所得額を正しく計算し、最終的な所得税額との過不足を調節します。払いすぎていれば還付金として支給され、不足分は納税することになります。

還付金がもらえる人

自分が当てはまるかチェックしてみましょう。

税金を払いすぎた

確定した所得税より多く払っていた人

住宅ローン返済中

住宅ローンで、マイホームを取得した人

扶養家族が増えた

結婚や出産など、年度の途中に扶養家族が増えた人

保険に入っている

生命保険・個人年金・地震保険の保険料を払っている人

さまざまな控除

申請して条件を満たせば控除が受けられ、納税額が安くなります。

生命保険料控除

生命保険や個人年金で支払った保険料のうち、一定額までが所得から引かれ、所得税・住民税が軽減されます。

介護
2012年から
介護医療保険控除が
新設されました。

地震保険料控除

生命保険と同じく、保険料の一定額までが所得から引かれ、所得税・住民税が軽減されます。

会社員は保険会社から送られてくる『控除証明書』を年末調整時に会社に提出し申請します。間に合わなければ確定申告での申告も可能です。

保険の種類	所得控除上限	
	～2011年	2012年～
生命保険	5万円	4万円
個人年金	5万円	4万円
介護・医療保険	−	4万円
地震保険	5万円	5万円

扶養控除・配偶者控除・配偶者特別控除

親族・配偶者の所得に応じた控除が受けられます。

対象	年間所得額		受けられる控除
	給与をもらっていない	給与をもらっている	
扶養親族（16歳以上）	38万円以下	103万円以下	扶養控除
配偶者	38万円以下	103万円以下	配偶者控除
	38万円超～136.6万円未満	103万円超～201.6万円未満	配偶者特別控除

住宅ローン控除（→ P78）

ローン残高と借入期間に応じ、一定割合の所得税が還付されます。

確定申告

1年間の所得を申告し税金還付・控除を受けよう

確定申告とは、1年間すべての所得を申告し、納税する手続きのこと。主に自営業者や年の途中で退職した人が行いますが、会社員の人でも申告が必要なケースがあります。

毎年2～3月頃に住所地の税務署などで申告するんだ
ネットや郵送でもOK

青色申告・白色申告

青色申告ができるのは、不動産・事業・山林所得のある人です。売上げが低く、経理処理に時間をかけたくない場合は白色申告を選ぶのもOK。

	記帳	特典	申請手続
青色申告	正規の簿記による帳簿が必要（複式簿記） ※65万円の控除を受ける場合	・最高65万円の特別控除 ・家族への給与が必要経費扱いに ・減価償却の特例が受けられる ・赤字損失分を3年間繰越可能	『青色申告承認申請書』、家族に給与を支払う場合は『青色事業専従者給与に関する届出書』を税務署へ提出
白色申告	簡単な帳簿が必要（単式簿記）	家族への給与の一部が必要経費扱いに	特になし

白色から青色に変更する場合、青色にする年の3月15日までに申請するのじゃ
青色
白色

確定申告が必要な人

会社員でも確定申告が必要になることも。自分が当てはまるかを確認しましょう。

自営業・フリーランスの人

1年間の所得や経費などを自分で計算し、税務署へ申告します。

給与所得が2000万円を超える人

1年の所得が2000万円を超える人は、会社員でも確定申告が必要。

副収入が20万円を超える人

副業や複数の会社から収入を得ていて、主な給与以外の収入が20万円を超える場合は申告します。

申告するとトクな人

当てはまる人は忘れず申告し、控除を受けましょう。

住宅ローンを組んだ

住宅ローン控除が受けられます。

※会社員の場合、2年目以降は年末調整で控除が受けられます。

家族の年間医療費が10万を超えた

医療費控除が受けられます。

退職し、年内は失業中

在職中の所得税に対する年末調整がされていないので、払いすぎていれば還付金がもらえます。

年末調整後、扶養家族が増えた

調整後に結婚すると、所得額に応じて配偶者控除が受けられます。出産したら医療費控除も。

※年末調整のやり直しで対応も可能。

盗難・災害にあった（→ P142）

雑損控除か災害減免法が受けられます。有利なほうを選択します。

2000円を超える寄付をした

寄付金控除が受けられます。

確定申告で受けられる医療費控除

生計を一《いつ》にしている家族の年間医療費が合計 10 万円を超える場合、所得税が還付されます。控除として認められるかどうかを確認しましょう。

条件

医療費の自己負担額が10万円を超えていること

※年間所得が 200 万円未満の場合は、
　自己負担額が所得の 5% を超えていること。

別居してても
仕送りなどをしていれば
『家族』として認められます

手続き

「医療費控除の明細書」を提出。
「医療費のお知らせ」を利用しても OK。
領収書等は 5 年間保管しておく必要あり。

医療費総額	−	保険金・公的給付	−	10万円	＝	医療費控除額
1 年間の総額		生命保険の入院給付金・出産育児一時金など				

《認められるもの》

- 診療代・治療費
- 薬代
- 海外旅行中の医療費
- 通院のために公共交通機関を利用した交通費
（バス・電車など。タクシー代は、出産・急病などのやむを得ない場合は認められます）
- 出産費用
（出産育児一時金は差し引く）など

《認められないもの》

- 健康診断などの検査費
（病気が発見されなかった場合）
- 病気の治療以外の手術（美容整形など）
- マッサージ・鍼・灸代（治療目的でない場合）
- サプリメント代（治療目的でない場合）
- コンタクトレンズ代
- マイカー通院での交通費
- 入院時の差額ベッド代
- 入院時の身のまわりの品の購入費
- 里帰り出産での帰省費　など

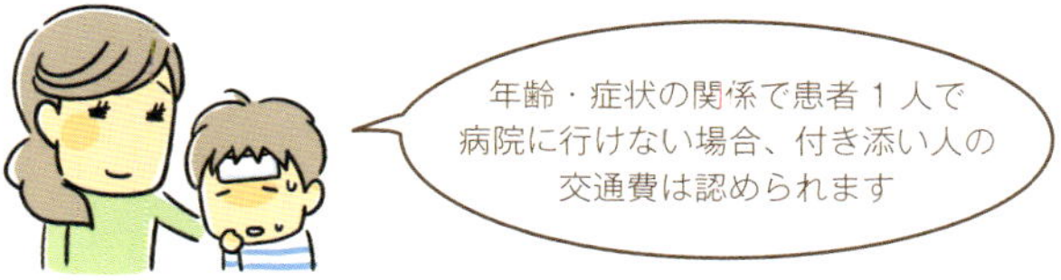

年齢・症状の関係で患者 1 人で
病院に行けない場合、付き添い人の
交通費は認められます

先輩と食事できるなんてうれしいです
恵ちゃんが正社員になったお祝いだよ
これから改めてよろしくね
最近本当にがんばってるねみんなもすごいっていってるよ
そんなあ～
なんだかキレイになったしね
先輩…
キュン…
オー神よ…
ああこれもお金を大事にしたおかげ！

こんな特典も
あるなんて♪
お金の使い方が上手になると…
恋もうまくいくかも!?
自炊で健康!
自然にダイエット♪
ストレス買い・食いがなくなる♪
がんばってよかった～
ブブ
健太だ…
着信 ケンタ
ブー
ブー
すみません
ちょっと電話が…
うん
何よあんた
いいところ
だったのに!
え!!

たいしたことないのよ
仕事帰りに車に
ぶつかりそうになって
よけたところで
転んだだけ〜
フフフ…
ムス…
…
なぁんだ
よかったー
ヘナ〜〜〜
念のため今晩は
泊まって明日
検査を受けるわね
母さん
病院のお金は？
保険に入ってる
から大丈夫よ
それより
あなたたちは？
ちゃんと保険
入ってるの？
えっ
まぁ…
そのぉ…
じゃあ
そろそろ
帰るわ…
入ってない
わね…
やっぱり俺らも
保険入ったほうが
いいのかなー
〇〇病院

そうよ フリーのあんたは 考えなきゃ 私は会社で 健康保険入ってる からいいけど
でも姉ちゃん それがどういいのか わかってんの？
そっ それは…
よし 今度 直美さんに 聞いてみようぜ
おお〜〜っ どうしたの あんた
だってやっぱ 大事なことだしさ それに…
もし俺らに何かあって 父さん達に迷惑かけたら かっこわるいじゃん
あんた…
いつの間に こんなに しっかりして…
安心しな もし姉ちゃんが 死んだら俺が 保険金受け取って おくから
フィギュア 買い放題♡
なぬっ
この あたしの 感動を 返せー
あだだ

3章 備えるお金

もしものとき　必要なお金

ケガや病気になったとき お金はいくら必要？

突然のケガや病気・死亡はその後の生活に大きな影響を与えます。万が一のときにどれくらいのお金が必要になるかを具体的にイメージし、保険や貯蓄などで備えましょう。

入院時の入院日数と1日あたりの自己負担費用

男女ともに30代を超えると、病院を利用する機会が増えてきます。治療費など、入院が長引くほど生活に与える影響も大きくなります。

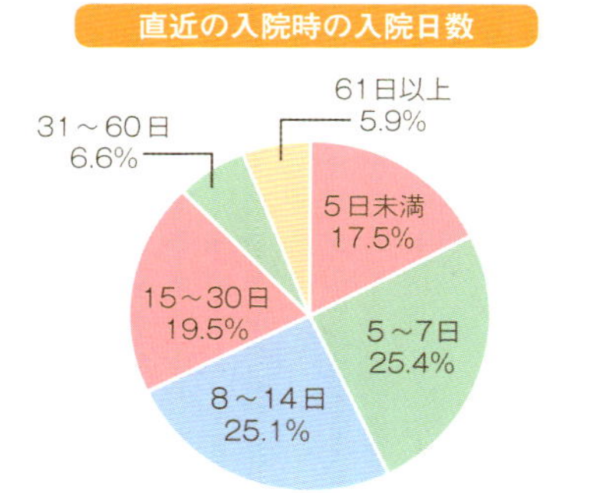

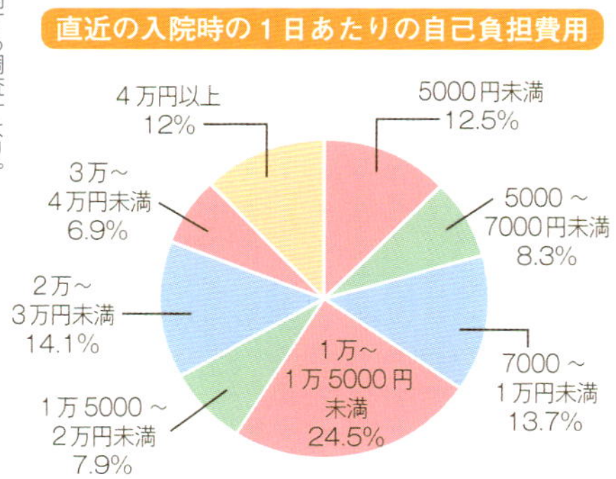

※生命保険文化センター「平成28年度生活保障に関する調査」より。

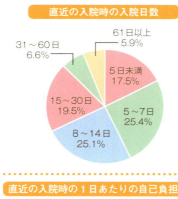

必要死亡保障額とは？

亡くなった場合に、いくらの保険金を残しておけばよいかという見積金額です。

必要になるお金		入ってくるお金		
・配偶者（家族）の生活費 ・子どもの教育費 ・住宅費用 ・自分の葬儀費用 ・子どもの結婚資金 ・その他	−	・公的保障 ・死亡退職金 ・自己資産 ・配偶者の就労収入 ・その他	＝	必要死亡保障額

遺族の生活費の見積もり

亡くなった後の家族の基本生活費は、次の計算式で考えましょう。

現在の生活費（　　）万円／月×0.7×12ヵ月×年数（　　）＝（　　）万円

【住居費】

住宅ローン → 団体信用生命加入なら０円　未加入であれば残額を見積もる

家賃 → 今後必要となる家賃を見積もる

【教育資金】

希望進路で見積もる　1000万円／子ども

【その他の費用は】

車の買換え　子どもへの援助等　約1000万円

保険の種類

みんなでお金を出し合い　もしものときに備える

トラブルに預貯金で備えるのも手ですが、少しずつ貯めていくため、万が一のときにまだ十分な額がないことも。保険ならあらかじめ受け取れる額が決まっているので、加入したばかりでも安心です。

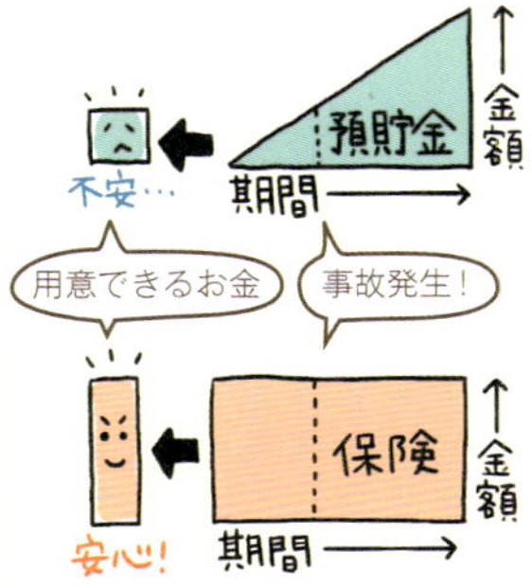

優先したい保険ランキング

自分の年齢・状況や家族構成によって、必要な保険は変わります。

シングルの場合

❶医療保険
…働けなくなったときの収入を補えます。入院給付日額５０００円、支払1～90日のものが目安。

❷損害保険
…1人暮らしや車を運転する場合、事故に備えましょう。

❸生命保険
…自分の葬儀代として３００～５００万円程度のものに。

※親を養っている場合、親の生活費を補える生命保険を優先しましょう。

子どものいる家庭の場合

❶夫の生命保険
…家計を支える夫に万が一のことがあった場合、残された家族を支える保障をつけましょう。

❷夫婦の医療保険
…夫婦それぞれの病気やケガにも備えましょう。

❸妻の生命保険
…子どもが小さいうちは加入しておいたほうが安心。

保険の種類

保険には加入が義務づけられている『公的保険』と、目的に応じて任意加入する『私的保険』があります。

公的保険

- **社会保険**（生活の保障）
  - 年金保険（P158 ～）
  - 健康保険
  - 介護保険（P154 ～）
  - など
- **労働保険**（労働の保障）
  - 労災保険
  - 雇用保険

私的保険

- **生命保険**（生死の保障）
  - 定期保険
  - 終身保険
  - 養老保険 など
- **損害保険**（損害の補償）
  - 火災保険
  - 地震保険
  - 自動車保険 など
- **第三分野**（医療・介護の保障）
  - 医療保険
  - がん保険
  - 傷害保険
  - 介護保険 など

職業別・加入する公的保険

職業によって加入する公的保険が変わります。自分が何に入ってるか確認し、足りない部分は私的保険などで補うようにすると安心です。

職業 / 保障	自営業	会社員	公務員
年金	国民年金保険	厚生年金保険 国民年金保険	厚生年金保険 国民年金保険
医療	国民健康保険	健康保険	共済組合
介護	介護保険		
労災	×	労災保険	共済組合
失業	×	雇用保険	×

※会社の雇用条件などによって異なる場合があります。
※一部の自営業者は国民健康保険組合に加入しています。

公的保険

最適な保険選びのために公的保険の保障を知ろう

保険選びの最初の一歩は、公的保険を見直すことから。既に加入している保険でどれだけのことが保障されているのかを知り、他に必要な保障を私的保険で補うようにすれば安心です。

必要のない保険にまで入らないように
ギクッ
ブブー
ほけん
ほけん

仕事中のもしもに備える労災保険

労災保険は、仕事中や通勤中にケガ・病気・障害・死亡などが起きた場合、治療費や賃金の保障、遺族の援護などをしてくれます。保険料は事業者が負担します。

通勤中にケガした場合『療養給付』『休業給付』などがもらえます（→ P148）
イテテ…

転職や休職を支える雇用保険

雇用保険は、失業時や休職時の生活を支えてくれます。失業時に『失業給付』（↓P87）、出産による休職期間中に『育児休業給付金』（↓P96）、家族の介護による休業の際に『介護休業給付金』（↓P92）などが支給されます。

休職中の収入減を手当でカバー
手当

健康保険で受けられるもの

ケガ・病気・出産などの際に、患者の自己負担額を減らしたり、生活を支えるための手当金などを支給します。

医療費の自己負担額を軽減

医療費のうち7割を健康保険が負担し、患者の自己負担額は3割になります。

小学校入学前は2割の自己負担、70歳以上75歳未満は2割（2014年4月以降に70歳になる人）の自己負担になります（現役並み所得者は3割）。75歳以上は後期高齢者医療制度の対象となり、自己負担は1割·3割です。

高額療養費制度（→ P130）

ケガや病気などの医療費が一定の額を超えた場合、超過した分が払い戻しされます。

出産育児一時金の支給（→ P96）

出産時に子ども1人につき42万円が支給されます。

会社員・公務員の場合、以下の手当金も受け取れます。

出産手当金（→ P96）

出産で休職中の人に、給与の2/3が支払われます。

傷病手当金（→ P92）

ケガや病気で会社を休む場合、給与の2/3を支給（4日目以降、最長1年半）。

高額療養費制度

医療費が50万円でも自己負担は9万円程度に

1カ月の医療費の自己負担額が高額になった場合、一定を超えた分については健康保険が負担し、払い戻されます。そのため、1カ月の自己負担金は多くても8～9万円程度で済むようになっています。

同一世帯で1年間に
3カ月以上高額療養費が
支給されている場合
4カ月目以降は自己負担
限度額が低くなるぞ

保険対象外に注意

入院でかかったお金でも、内容によって保険のきかないものがあります。左の表のものは高額療養費制度の適用外となり、全額自己負担することになるので注意しましょう。

《保険の対象外》

・入院中の食事（1食460円）
・差額ベッド代
・公的医療保険対象外の診療費
・雑費（日用品代・交通費など）

家族の医療費を合わせて申請できる

同じ世帯で、同じ月に2人以上がそれぞれ2万1000円以上の医療費を払った場合、合算して申請することができます。限度額を超えた場合、払い戻されます。

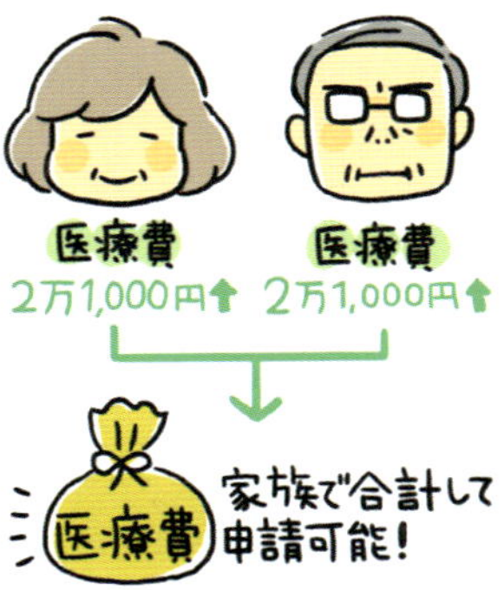
医療費
2万1,000円↑
医療費
2万1,000円↑
医療費
家族で合計して申請可能!

1ヵ月の医療費の上限は？

医療費の家計負担が重くならないよう、支払う医療費が1ヵ月（1日から末日まで）で上限額を超えた額を支給する「高額療養費制度」があります。上限額は、年齢や所得に応じて定められています。

例 50万円の医療費で、窓口での自己負担（3割）が15万円かかった場合
（※70歳未満／会社員／年収目安370万～770万円）

自己負担限度額（月額）	8万100円＋（医療費－26万7000円）×1％

医療費50万円
15万円
健康保険が負担（7割）　自己負担（3割）
6万7570円が返ってきます

《自己負担限度額》8万100円＋（50万円－26万7000円）×1％＝8万2430円

《高額療養費の支給額》15万円－8万2430円＝6万7570円

2つの手続き方法

高額療養費を受けるには、2つの方法があります。

現物給付（病院での支払いが自己負担限度額までで済む）

① 公的医療保険の窓口に『限度額適用認定申請書』を提出
② 『限度額適用認定証』を受け取る
③ 『限度額適用認定証』と『保険証』を病院の窓口で提示し、自己負担限度額を支払う

現金給付（後日差額分の払い戻しを受け取る）

① 病院の窓口で医療費の3割の自己負担金を支払う
② 公的医療保険の窓口に『高額療養費支給申請書』を提出
③ 高額療養費の払い戻しを受け取る

入院・通院した翌月～2年以内の申請で払い戻しを受けられます
療養費

入院費シミュレーション

病気で入院したら、いくらかかるの？　具体的なケースをもとに最終的な自己負担額がいくらになるかを見てみましょう。

（標準報酬月額 28 ～ 50 万円、同一月内の場合）

Case1.
骨折で20日間入院したAさん（35歳男性）の場合

Aさんはスノーボードで転倒して骨折し、入院・手術を受けることになりました。入院中、Aさんは大部屋で過ごし、かかった医療費は 70 万円でした。

医療費の自己負担額

窓口での支払いは 70 万円× 3 割＝ 21 万円

ただし、健康保険の『高額療養費制度』（→ P130）適用となるので

8 万 100 円＋（70万円－ 26 万 7000 円）× 1% ＝ 8 万 4430 円　より

医療費の自己負担額は 8 万 4430 円（Ⓐ）になりました。
（窓口支払い分との差額 12 万 5570 円は後日払い戻されました）

その他の自己負担額

食事代	460 円× 3 食× 18 日	＝ 2 万 4840 円
雑費（衣類など）		＝ 2 万円
合計		＝ 4 万 4840 円（Ⓑ）

※入院中、食事制限で食事なしの期間がありました。

自己負担額の合計

医療費の自己負担額	＝　8 万 4430 円（Ⓐ）
その他の自己負担額	＝　4 万 4840 円（Ⓑ）
合計	＝ 12 万 9270 円

最終的な自己負担額は
12 万 9270 円

Case2.
乳がんで 30日間入院したBさん（40歳女性）の場合

B さんは総合病院で乳がんと診断され、入院・手術を受けることになりました。入院中、B さんは希望して個室で過ごし、かかった医療費は 158 万円でした。

医療費の自己負担額

窓口での支払いは 158万円× 3 割＝ **47万4000円**

ただし、健康保険の『高額療養費制度』（→ P130）適用となるので

8 万100 円＋（158万円－ 26 万7000 円）× 1% ＝ 9 万3230 円 より

医療費の自己負担額は **9万3230円（Ⓐ）** になりました。
（窓口支払い分との差額 38 万770 円は後日払い戻されました）

その他の自己負担額

差額ベッド代	7000 円×30 日	＝ 21万円
食事代	460 円×3 食×27日	＝ 3 万7260円
雑費（衣類など）		＝ 4 万5000円
合計		＝ **29 万 2260円（Ⓑ）**

※入院中、食事制限で食事なしの期間がありました。

自己負担額の合計

医療費の自己負担額	＝ 9 万3230円（Ⓐ）
その他の自己負担額	＝ 29 万2260円（Ⓑ）
合計	＝ **38 万5490 円**

最終的な自己負担額は
38 万5490 円

生命保険

万が一に備え、残された家族を守れる保障を

結婚・出産などで養う家族がいたり、自分の収入で親を養っている場合、万が一のときにその後の生活を支える保障が必要になります。特に公的保障の少ない自営業者は手厚い保障で備えましょう。

シングルは自分の葬儀代の300～500万円程度の保障で大丈夫
あんまり想像したくないけど…

生命保険でカバーしたいこと

生命保険の保険金でカバーしたい費用は次の4つ。残された家族にとって、何にどれだけお金が必要かを確認し、補える保険を選びましょう。

住宅費

持ち家の場合、団体信用生命保険（→P73）に入っていれば残りの住宅ローンは返済されます。賃貸の場合、そこに住み続けるか引っ越すかなどで必要な住宅費が変わります。

生活費

子どもの有無と年齢、残された夫・妻の職業などで必要な生活費は変わります。

子どもの教育費

幼稚園から大学まですべて国公立の場合、必要な費用は約804万円。P99を参照に必要額を出してみましょう。

葬式・お墓の費用

葬儀費の平均は約196万円。※墓石購入費の平均は約170万円。およそ300~500万円が必要です。

※日本消費者協会『第11回「葬儀についてのアンケート調査」報告書』（2017年）・全国優良石材店の会『2016年版 お墓購入者アンケート調査』より

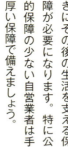

生命保険の選び方

残された家族に「どのくらいの額が」「いつまで必要か」を明確にし、それを保障する保険を選びましょう。

保障額…以下の式を基本として計算してみましょう。

保険で必要な額 ＝ 残された家族の生活費・教育費 － 今あるお金（貯蓄など） ＋ 将来受け取るお金（遺族年金など）

- 生活費・教育費… 妻（夫）の仕事の有無で必要な額が変わります。収入ダウンを支えられる保険を。
- 遺族年金………… 条件によって遺族年金が受け取れない場合も。保障額に大きく関わってくるので必ず確認を（→ P162）。

保障期間 …子どもがいる場合、末っ子が独立するまで保障されるものを選ぶのがポイント。独立後は保障額を減らしましょう。

タイプ …保障期間と保険料のバランスを踏まえ、『定期』『終身』『養老』の３つのタイプから選びましょう。

特殊な生命保険

団体信用生命保険（→ P73）

ローン返済中に契約者が死亡した場合、残りのローンを完済してくれるもの。

逓減《ていげん》定期保険

支払う保険料は一定ですが、保障額が最初多く、年々減っていくもの。子どもが幼いときに手厚い保障をつけられ、成長に合わせて必要最低限に保障を抑えられる便利な保険です。

特約で保障をプラス

生命保険に特約（→ P139）をつけて必要な保障をプラスするタイプもあります。

例 ①子の独立まで保障を手厚く！
②女性の病気にかかりやすい時期は保障をつけたい

❶定期保険特約　子の独立まで
❷女性疾病入院特約　20～40代まで
（主契約）生命保険

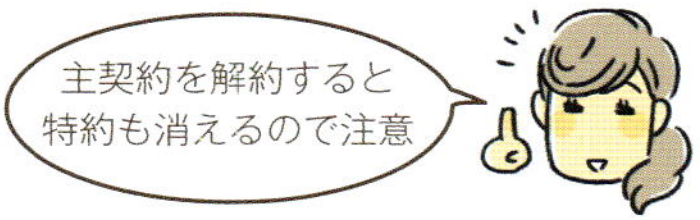
主契約を解約すると
特約も消えるので注意

生命保険の３つのタイプ

生命保険の種類は大きく分けて３つ。タイプによって保険料・保障期間が変わります。

定期保険

保険期間内に死亡した場合に、死亡保険金が受け取れます。
掛け捨てのため毎月の保険料は安め。

保険期間 → （死亡時）死亡保険金

満期 → これまでの保険料は返ってきません

終身保険

死亡保障が一生涯続き、死亡時に死亡保険金が受け取れます。
途中解約しても解約返戻金が戻ってくるので、保険料は高め。

保険期間 → （死亡時）死亡保険金・（解約時）解約返戻金

一生涯

返戻金の額は加入期間などで変わります

養老保険

定期保険に貯蓄機能をつけたもの。保険期間内に死亡した場合は死亡保険金が、満期時に生存してる場合は満期保険金が受け取れます。

保険期間 → （死亡時）死亡保険金

満期 → 満期保険金

保険料は、『定期保険』よりも『終身保険』や『養老保険』のほうが高くなります。子どもが小さいうちなど、一定期間に高い保障を準備するときには定期保険が便利。

保険料の控除で税金が安くなる

払った保険料に応じて所得税・住民税が軽減されます（→P115『生命保険料控除』）。年末調整・確定申告で申請します。

保険料の払い方

払込期間に応じて、月々の保険料が変わります。

一定期間の生命保険の場合

契約終了時まで払います。

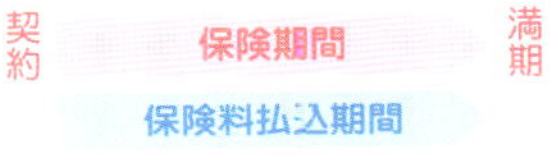

定期保険にはさらに２タイプあります。

更新型

保険期間終了後も、これまでと同じ保障内容・保障額で契約が自動更新されるもの。通常、保険料は更新のつど高くなります。

全期型

契約終了まで、更新なしで一定の保険料を払います。加入当初の保険料は更新型より高め。

一生涯の生命保険の場合

２つの払い方があります。

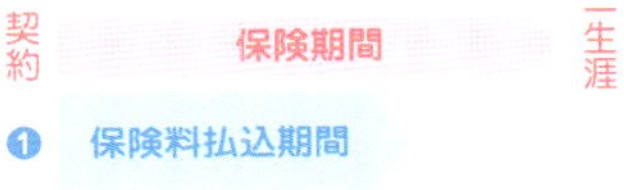

契約で決めた年齢までに必要な保険料を払い終えます。月々の保険料は高くなります。

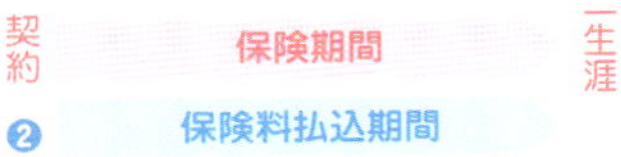

生きている間ずっと払います。月々の保険料は安くなります。

保険料がどうしても払えないときは

保険料の支払いを中止し、解約返戻金で保険契約を続ける方法があります。

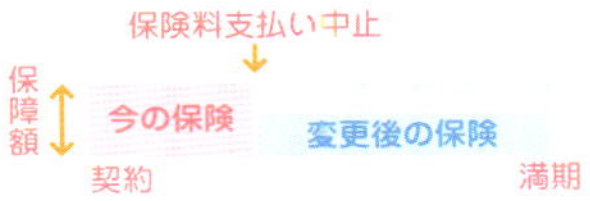

❶払済保険に変更する

解約返戻金で、保険期間がこれまでと同じ生命保険を買う。保障額が下がることも。

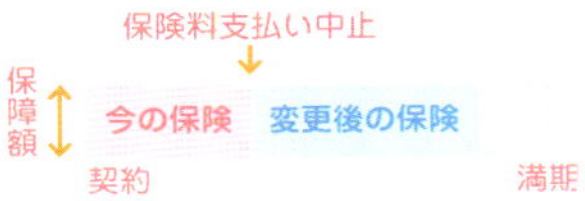

❷延長保険に変更する

解約返戻金で、保険金額がこれまでと同じ生命保険を買う。保険期間が短くなることも。

変更すると、これまでの生命保険についていた特約は原則としてなくなります。また、解約返戻金が少ない場合、変更できないこともあります。

医療保険

ケガ・病気の医療費を抑え休職時の収入フォローを

ケガ・病気に備える医療保険は、病気や妊娠中は加入しにくくなるので、健康なうちに加入しましょう。自営業の人は治療中の収入ダウンも補えるよう、入院給付日額が多めのものに入っておくと安心。

がんにかかりやすい家系ならがん保険など自分のリスクに合わせて選ぶのもよいぞ
がん保険
女性保険

保険の比べるポイント

保障内容

通院・入院・手術・死亡への保障などから、家族構成や年齢などを踏まえ必要なものを選びましょう。がんなど特定の病気に手厚いタイプも。

保険料

家計とのバランスを考え、無理なく払える額を。子どものいる家庭なら月収の5％程度が目安。

保障期間・保険料払込期間

終身か定期かを選びます。60歳など短期に一生分の保険料を払い終え、一生涯保障される終身タイプもあります。

入院給付日額

入院1日ごとにもらえる給付金の目安

・夫（会社員）…5000円
　（自営業）…1万円
・妻…………5000円

子どもがいる場合はそれぞれ5000円プラスすると安心

入院限度日数

平均入院日数は『がん』20日、『骨折』38日、『脳血管疾患』90日です。※ 1回の入院の限度日数は60～120日を目安に選びましょう。

※厚生労働省『患者調査』（2014年）より。

医療保険の３つのタイプ

保険料
加入時の年齢で保険料も変わります

保障期間と保険料、保障内容の違いで大きく３つに分かれます。

定期型
一定期間を保障する保険。保険料は安く、更新するごとに上がります。
保険期間 → 満期

終身型
一生涯保障する保険。払い込み期間中の保険料は一定です。
保険期間 → 一生涯

特約型
死亡保障の生命保険に、特約として医療保険がつくものも。特約は比較的安くつけられますが、主契約が失効すると特約も消えるので注意。

（特約）医療保険
＋
（主契約）生命保険

特約の保険期間は『更新型』（満期時にそれまでと同じ保障内容で更新）と『全期型』（一般的に主契約の保険期間と同じ）があります。

いろいろな特約

特定の病気になったとき、給付金などが受け取れます。

特定（三大）疾病保障特約
がん・心筋梗塞・脳卒中

先進医療特約
先進医療の自己負担額をカバー

生活習慣病（成人病）入院特約
がん・脳血管疾患・心疾患・高血圧性疾患・糖尿病

女性疾病入院特約
乳がん・子宮筋腫など

保険料の払い方

短期払い
保障期間終了時より前に、保険金を払い終えるタイプ

終身払い
保険金の支払いが一生涯続くタイプ

払う期間が長いほど月々の保険料は安くなるよ

医療保険の選び方（1）会社員・公務員の場合

公的保険での保障で補えない分をカバーするようにしましょう。結婚や出産などのライフイベントに応じて、保障額を変えることが大切。

公的保険で受けられるもの

- 医療費の自己負担額が３割
- 高額療養費制度（→ P130）
- 傷病手当金（→ P92）

独身 …入院給付日額の目安は 5000 円程度で OK。もしくは、若いうちに保険料の安い終身医療保険に入っておくのもオススメです。

結婚 …入院給付日額の目安は 5000 円程度。妻が専業主婦の場合、夫が入院給付日額１万円のものに入り、妻を家族特約にするのも。

子の誕生 …入院給付日額１万円、１回の入院限度日数 60～120 日の終身医療保険がオススメ。自分の体調に合わせ、生活習慣病特約やがん保険などをプラスするのも効果的です。

医療保険の選び方（2）自営業の場合

有給休暇がないため、入院などで働けなくなると収入が減り、代わりの人を雇う人件費が必要になることも。保障は手厚くすると安心です。

公的保険で受けられるもの

- 医療費の自己負担額が３割
- 高額療養費制度（→ P130）

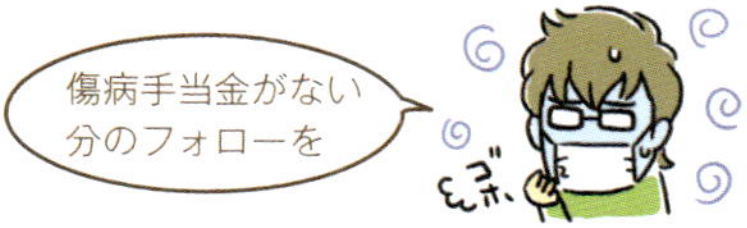
傷病手当金がない
分のフォローを

オススメは終身医療保険

入院給付日額１万～１万 5000 円、１回の入院限度日数 120～180 日くらいのものがオススメ。

余裕があれば特約をプラス

生活習慣病入院特約やがん特約など、自分のリスクに合わせた特約をつけられると安心です。

損害保険会社の『所得補償保険』に加入すると、働けなくなったときに保険金を受け取ることができ、収入減を補うことができます。

医療保険の選び方（3）女性の場合

結婚や仕事によって、必要となる保険も変わってきます。自分の今の状況に合わせ、いざというときに安心できる保険に加入しましょう。

公的保険で受けられるもの

- 医療費の自己負担額が３割
- 高額療養費制度（→ P130）
- 傷病手当金（→ P92）（会社員・公務員の場合）

オススメは終身医療保険

シングルの場合、入院時の経済リスクは既婚者より高くなります。また、女性は平均寿命も長く、80歳以降に入院するケースが多くなります。入院給付日額5000～１万円の終身タイプがオススメ。

離婚や夫の死亡などで
夫の医療保険が消えると
妻の特約も消えるので
注意しましょう
妻の特約
夫の保険

夫の保険の家族特約に加入

保険料は安く抑えられますが、入院給付金が夫の６～８割しか支給されないので、その点も踏まえて選ぶのが大切です。

女性の病気には特約でも

子宮筋腫などの女性特有の病気は、20～40代とかかりやすい年齢が限られています。加入している医療保険に、一定期間保障される女性疾病特約をつけるのも効果的。

ボーナス
女性保険には
積立ボーナスなどの
特典も

妊娠中・出産後に医療保険に加入すると、一部の給付金が出ないなど不利になることも。妊娠前に加入すれば、帝王切開などにも備えられます。

損害保険

災害・盗難・事故などの備えも万全に

火災や台風などの被害は、いつどこで遭うかわかりません。いざというときに備え、大切な住まいや家財などを守るために必要な保険を押さえておきましょう。

大切な家財《フィギュア》を守り抜け!
保険

2種類の火災保険

火災保険は大きく分けると、シンプルな補償内容の『住宅火災保険』と、補償の範囲が広い『住宅総合保険』の2種類があります。

《補償内容》

- 火災・落雷
- 風・ひょう・雪災
- 破裂・爆発

→ **住宅火災保険**

- 水災
- 盗難
- 持出し家財の損害

→ **住宅総合保険**（上記すべて）

※保険会社によって独自の保障を加えた商品もあります。

被害を受けたら減免も

台風・水害・地震などの災害で被害を受けた場合、『雑損控除』または『災害減免法』で所得税が軽減されます。税務署などで相談し、有利なほうを選択しましょう。

雑損控除

風水害・震災・冷害・火災・盗難などの損害額に応じて、所得から控除されます。

災害減免法

所得1000万円以下の人が風水害・震災などで一定以上の損害を受けた場合、所得税が軽減されます。

火災保険・地震保険

受けられる補償は、保険内容によって大きく異なります。加入するときには補償の範囲の確認を必ずしましょう。

賃貸の人は
家主が建物に保険をかけて
いるので家財のみで OK
家財保険

建物と家財の両方に保険を

火災保険では、建物と家財を分けて契約します。建物だけの契約では、家財の損害は補えないので注意。

頼もしい♥
自分の家は
自分で守る！
保険

もらい火でも弁償してもらえない

近所の火災で自分の家が損害にあっても、原則として火元の家から補償してもらうことはできません。自分の保険で守る必要があります。

地震保険の補償額の
上限は建物 5000 万円
家財 1000 万円までです
30～50%
補償額
火災保険

地震保険は火災保険とセットで

地震による火災被害への補償には地震保険の加入が必要です。地震保険は火災保険とセットで契約し、補償額は火災保険の 30 ～50% になります。

地震保険の保険料は、建物が建つ地域と構造（木造・鉄筋コンクリート）で決まります。
地震保険料（年間）の目安：木造…3 万6300 円／非木造…2 万 2500 円
（東京の場合／保険金額 1000万円あたり・保険期間 1 年につき）

賃貸マンションで火災を起こしてしまったら

入居者は、借りた部屋を元の状態にして返す義務があります。火災で損害を出してしまった場合、家主への損害賠償責任が発生します。

特約がついているかがポイント

賃貸の人は、火災保険加入時に『借家人賠償責任補償特約』をつけましょう。家主への賠償責任を補償してもらえます。

大家さん
特約
つけておこう…

暖房器具やたばこの取り扱いの不注意は重過失になることも

隣室への賠償責任はない

故意や重大な過失で火災を起こしたのでなければ、隣室への賠償責任は問われません。

泥棒に入られたら

『住宅総合保険』『盗難補償もついている火災保険』なら、盗難も補償してもらえます。

現金の盗難

例）上限 20 万円まで保険金支給

通帳などの盗難

例）上限 200 万円まで保険金支給

保険によっては、鍵の交換費や防犯装置の設置費まで補償してくれるものもあります。

台風にあったら

『住宅総合保険』なら決められた自己負担額（20万円など）以上の損害を受けた場合、補償してもらえます。

ビュオオオ
自己負担額が3～10万程度になる新型の火災保険も

自動車保険の種類

必要なものを組み合わせて加入します

自動車保険には加入が義務づけられている『自動車損害賠償責任保険』がありますが、補償範囲に限りがあり、任意保険でカバーすることが大切です。

運転者・搭乗者への補償

自損事故保険

自損事故での運転者・搭乗者の死傷を補償。死亡保険金額は1500万円。基本的には『対人賠償』に自動でつきます。

搭乗者傷害保険

契約車両に搭乗しているすべての人の補償。死亡時1000万円のほか、ケガは症状別に一定額補償します。

他の人への補償

対人賠償保険

事故の被害にあった相手方への補償。運転者や家族は補償対象外。保険金は無制限が一般的。

人身傷害補償保険

運転者・搭乗者の死傷を過失割合に関係なく実費を補償。歩行中・他の車両に乗車中の補償も。

車・物への補償

対物賠償保険

被害にあった人の車や建物などの損害を補償。保険金額は500万～無制限ですが、無制限が安心。

車両保険

自分の車の損害や盗難などを補償。保険金額は車両の時価に応じて、かけられる額が変わります。

自動車保険の特約で補償をプラス

上記の保険にプラスして、さまざまな特約に加入できます。

身の回り品担保特約

事故・盗難などで車内の家電などが損害を受けた場合、補償が受けられます。保険料は年間1000円程度。

ファミリーバイク特約

本人や家族が自動車の任意保険に入っていれば加入可能。年間6000円から、原付の補償が受けられます。

運転者限定特約

家族で運転する人が決まっている場合、この特約をつけると保険料が安くなります。割引率の目安は本人・配偶者限定で5～8％程度。

保険の見直し

生活・家族の変化に合わせ保障内容を見直そう

結婚・出産で扶養家族が増えたら保障を厚く、子どもが独立したら保障を減らすなど、生活の変化に伴って必要となる保険も変わります。節目ごとに見直し、無駄な保険料をカットするようにしましょう。

保障を増やしたいとき

保障額を増やす

加入している保険の保障額を増やします。月々の保険料が多くなります。

追加で加入する

新規の保険に加入したり、特約を追加することで保障の幅を広げます。

特約を追加するとそのときの年齢で保険料が決まります

保障を減らしたいとき

保障額を減らす

加入している保険の保障額を減らします。月々の保険料も安くなります。

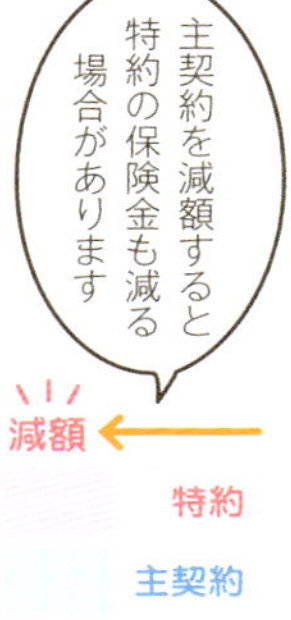

主契約を減額すると特約の保険金も減る場合があります

特約を外す

不要になった特約を外すと保険料が減り、解約返戻金があれば返ってきます。続けたい他の特約まで解約になる場合もあるので、必ず確認を。

※新規の保険に加入する場合は審査があり、年齢や条件によって加入が難しくなることも。保険を乗り換える際は、新規の保険の加入後にこれまでの保険を解約するようにしましょう。

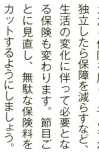

ライフステージに応じて保険を見直そう

結婚・出産・子どもの自立など、ライフステージによって必要となる保障は変わります。ポイントを押さえて見直すようにしましょう。

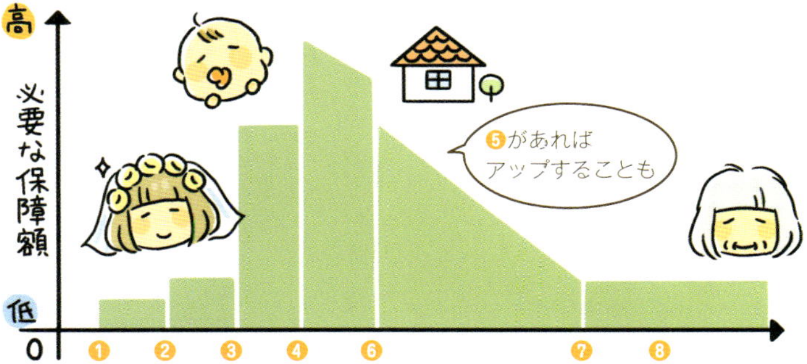

① 独身のとき　家族を養っていなければ、生命保険は葬儀代としての300～500万円程度でOK。ケガ・入院で休職すると収入が減ることにも備え、入院費を補える医療保障に。

② 結婚　万が一に備え、配偶者に必要な生活費を保障する生命保険に加入。医療保険でお互いのケガ・病気にも備えましょう。

③ 第1子誕生　子どもが成人するまでの生活費・教育費などを補えるような、手厚い保障に変えましょう。

④ 末っ子誕生　死亡保障を手厚くしたいピークとなり、この後は子どもの成長に伴って必要となる保障額が減っていきます。

⑤ 転職　会社員・公務員から自営業に転職した場合、年金や健康保険など受けられる公的保障が薄くなるため、その分生命保険や医療保険で補う必要が出てきます。

⑥ 住宅の購入　住宅ローンを組んで団信（→P73）に入った場合、死亡保障の代わりになるため保障額を減らすことができます。

⑦ 末っ子独立　子どもが全員独立したら、高額な死亡保障は不要。夫婦の今後に適した保険に切り替え、浮いた保険料は貯蓄へ。

⑧ 退職（引退）　死亡保障は自分の葬儀代や遺族の生活費を補うものに。ケガ・病気の治療・入院費が老後資金にひびかない医療保険を。

突然のトラブルに巻き込まれてしまったときにも落ち着いて対応できるよう、対処方法を確認しておきましょう。

通勤中に事故にあった

労災保険から「療養給付」や「休業給付」がもらえます。ただし、通勤中の事故でも、いつもの通勤経路から外れていた場合、適用外となることもあるので注意。

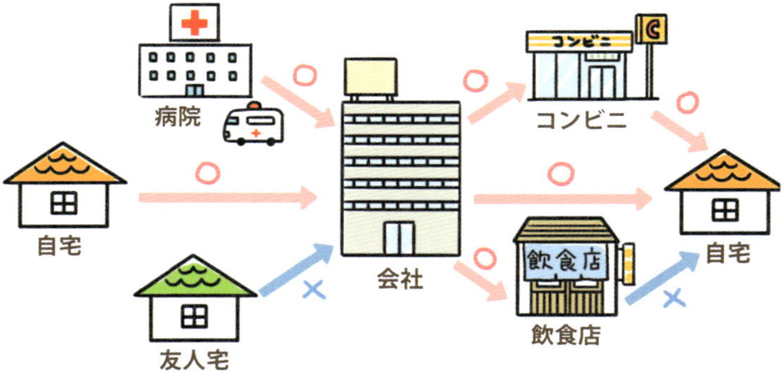

通勤として認められるもの

- 自宅のほか、家族の看護のために寝泊りしている病院、やむを得ない事由により宿泊したホテルも住居として認められ、そこからの出勤も認められます。
- 日常生活上必要な行為として定められているものであれば、通勤の範囲内として認められます。

例）スーパーやコンビニでの日用品の購入、病院での診療 など

通勤として認められないもの

- 飲み会で遅くなり泊めてもらった同僚や友人の家などは、住居として認められず、そこからの出勤は通勤として認められません。
- 通勤とは関係ない目的で経路を外れた場合、その後にいつもの経路に復帰しても通勤とはみなされません。

例）飲食店、映画館 など

スキミングされた

クレジットカードの磁気情報を読み取り、複製する犯罪をスキミングといいます。心当たりのないクレジットカードの利用明細が届いたら、すぐカード会社に届けましょう。不正利用に対しての補償が受けられます。

保険内容によりますが
一般的に届出日の前後
一定期間の不正利用額を
補償してもらえます
CARD
補償
届出
補償

高度障害保険金の支払いで
保険契約は終了になり
死亡時に死亡保険金は
支払われません

障害を負った

生命保険加入後に、視力の喪失や言語障害などの高度障害状態になった場合、**「高度障害保険金」**が支給されます。

うつ病になった

休職した場合、4日目以降に**「傷病手当金」**（→ P92）が受け取れます。治療で入院した場合、医療保険から入院給付金が支払われることも。

自立支援医療制度に
申請すると、通院による
医療費自己負担額を3割から
1割に減らせる場合も

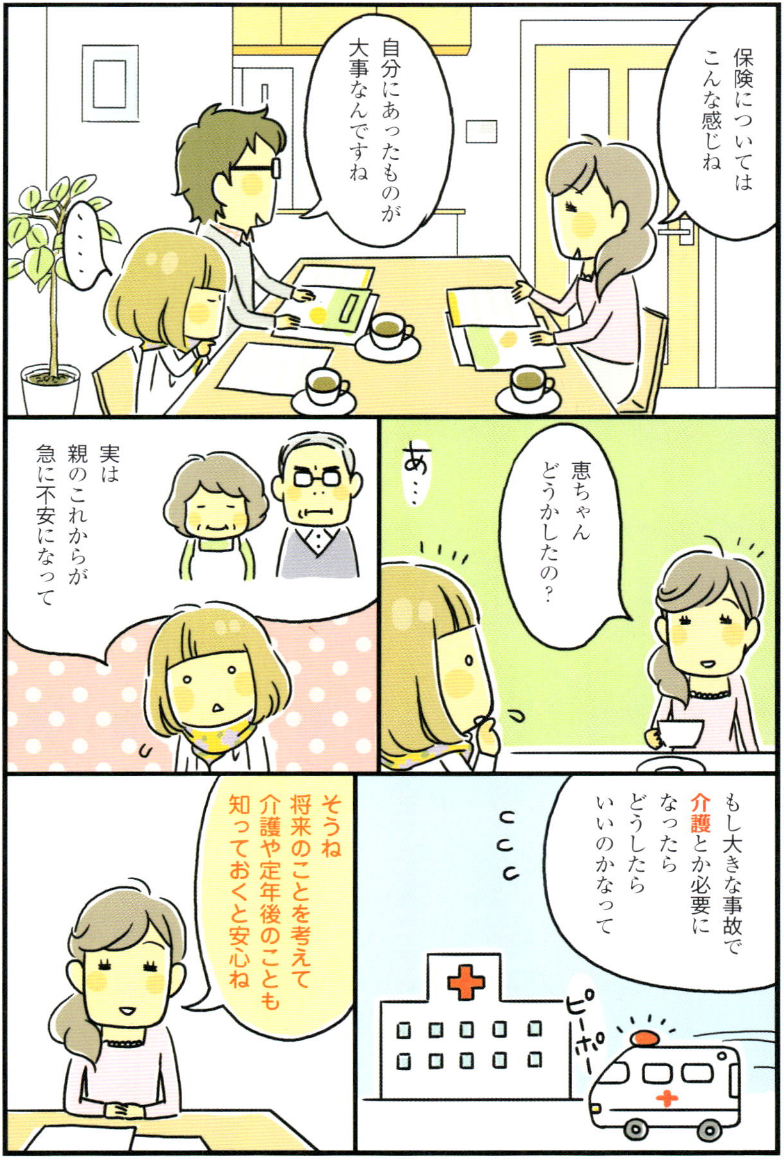
保険については こんな感じね
自分にあったものが 大事なんですね
・・・・
恵ちゃん どうかしたの？
あ…
実は 親のこれからが 急に不安になって
もし大きな事故で 介護とか必要に なったら どうしたら いいのかなって
ピーポー
そうね 将来のことを考えて 介護や定年後のことも 知っておくと安心ね

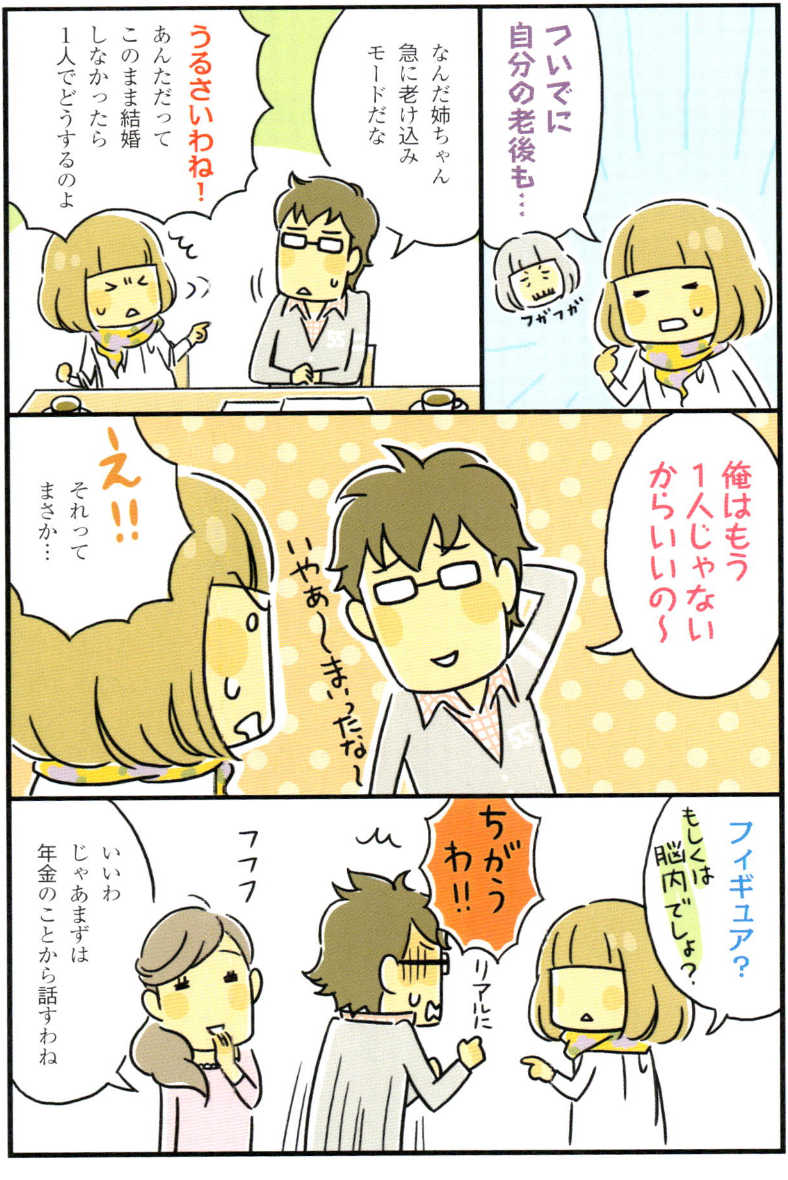
ついでに自分の老後も…
フガフガ
なんだ姉ちゃん急に老け込みモードだな
うるさいわね！
あんただってこのまま結婚しなかったら1人でどうするのよ
俺はもう1人じゃないからいいの〜
いやあ〜まいったな〜
え!!
それってまさか…
フィギュア？
もしくは脳内でしょ？
ちがうわ!!
リアルに
フフフ
いいわ じゃあまずは年金のことから話すわね

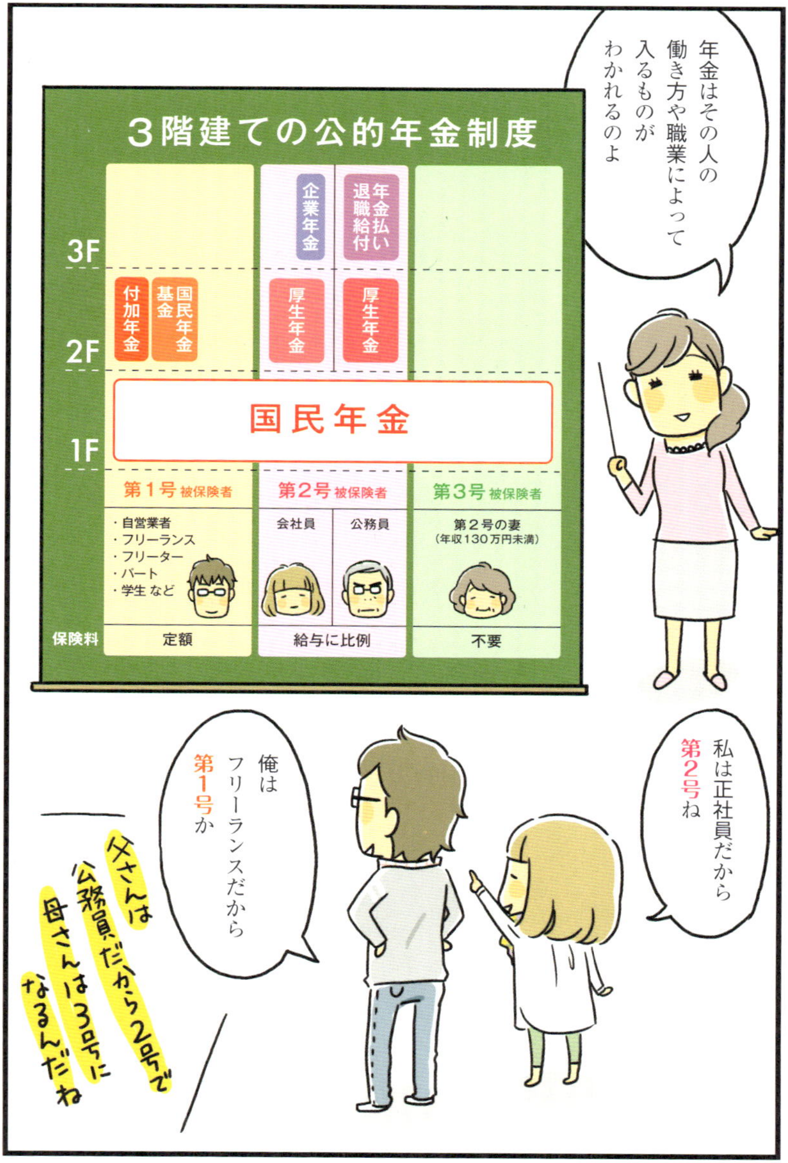
年金はその人の働き方や職業によって入るものがわかれるのよ
3階建ての公的年金制度
3F
2F
1F
企業年金
年金払い退職給付
付加年金
国民年金基金
厚生年金
厚生年金
国民年金
第1号 被保険者
第2号 被保険者
第3号 被保険者
・自営業者
・フリーランス
・フリーター
・パート
・学生 など
会社員
公務員
第２号の妻
（年収130万円未満）
保険料
定額
給与に比例
不要
私は正社員だから第2号ね
俺はフリーランスだから第1号か
父さんは公務員だから2号で母さんは3号になるんだね

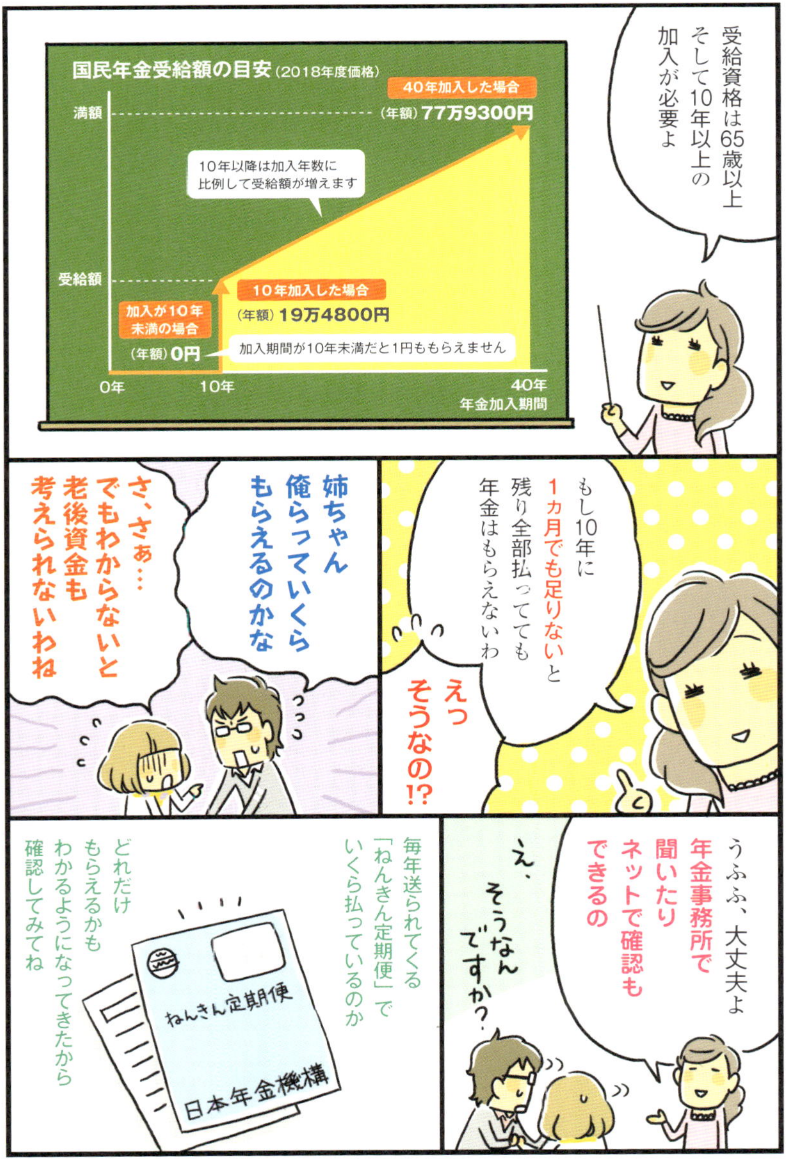
受給資格は65歳以上
そして10年以上の
加入が必要よ
国民年金受給額の目安（2018年度価格）
40年加入した場合
満額
（年額）77万9300円
10年以降は加入年数に比例して受給額が増えます
受給額
10年加入した場合
（年額）19万4800円
加入が10年未満の場合
（年額）0円
加入期間が10年未満だと1円ももらえません
0年
10年
40年
年金加入期間
もし10年に1カ月でも足りないと残り全部払ってても年金はもらえないわ
えっ そうなの!?
姉ちゃん 俺らっていくら もらえるのかな
さ、さぁ… でもわからないと 老後資金も 考えられないわね
うふふ、大丈夫よ
年金事務所で 聞いたり ネットで確認も できるの
え、そうなんですか？
毎年送られてくる「ねんきん定期便」で いくら払っているのか どれだけもらえるかも わかるようになってきたから 確認してみてね
ねんきん定期便
日本年金機構

親の介護

公的サービスを活用して介護の体制を整えよう

40歳から介護保険料を払うことで、介護状態に応じた限度額まで1割（所得によって2割）の自己負担で公的サービスを受けられます。介護は長く続いていくもの。民営の介護サービスも併用し負担を軽くしていきましょう。

介護度によって受けられるサービスが変わります

介護サービスの対象者

第1号被保険者（65歳以上）

寝たきりや認知症などで常に介護を必要とする状態（要介護状態）や、身支度など日常生活の支援が必要な状態（要支援状態）になった場合。

第2号被保険者（40～64歳）

初老期の認知症、脳血管疾患など、老化が原因とされる特定疾病により要介護（支援）状態になった場合。

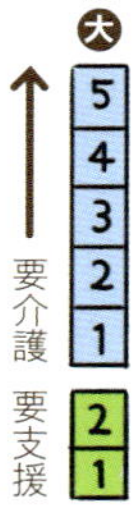

『要支援（1～2）』『要介護（1～5）』で介護度は7段階

サービスを受ける手順

市区町村の窓口に申請

利用者が住む市区町村の窓口に『介護保険被保険者証』を持って申請。

≪

要介護認定を受ける

訪問調査員が利用者の家庭を訪れ、環境や状況などを調査します。

≪

ケアプランの作成

ケアマネージャーと相談し、症状や状況に応じた介護計画を作成します。

≪

介護サービスを受ける

自宅や施設で受けます。

介護保険で受けられる主なサービス

大きく分けて『在宅サービス』と『施設サービス』の2つがあり、希望するサービスを自由に組み合わせて受けることができます。

訪問介護

ホームヘルパーに自宅訪問してもらい、食事・入浴などの日常生活の介助、掃除や洗濯などの生活援助などをしてもらいます。

通所介護（デイサービス）

デイサービスセンターで、食事・入浴などの世話や機能回復訓練などを受けられます。

ショートステイ

施設や老人ホームに短期入所し、食事・入浴などの世話や機能訓練が受けられます。

福祉用具の貸与・住宅改修費の支給

ベッド・車椅子の貸出、手すりの取付などの改修費支給が受けられます。

介護施設への入所

老人ホームなどに入所し、必要に応じて日常生活の介護や機能訓練・医療ケアなどを受けられます。

入所型介護施設の費用

在宅介護が難しい場合は、介護施設の利用も。下記施設サービス費の1割（所得によって2割）を自己負担します。食費や日常生活費・居住費は別途かかるので、確認しましょう。

介護老人福祉施設（特養）

在宅介護が困難な要介護者(3～5)が入所でき、生活全般のサービスが提供される。1ヵ月約26万～30万円が目安。

介護老人保健施設

症状が安定期にあり、介護やリハビリが必要な要介護者（1～5）が入所できます。1ヵ月約26万～33万円が目安。

介護療養型医療施設

長期間にわたる療養や介護が必要な要介護者（1～5）が入所できます。1ヵ月約24万～41万円が目安。

老後のお金

ゆとりある老後のために早いうちから備えを

現在の平均寿命は男性が約81歳、女性が約87歳。※60歳で定年を迎えるならセカンドライフは20年以上に。老後の資金がいくら必要かを知り、安心して過ごせるよう準備しましょう。

※厚生労働省『平成28年簡易生命表』より。

40代くらいには
しっかり資金計画を
老後資金

ライフスタイルによって必要資金は変わる

一口に老後といっても、どんな生活を送るかは人それぞれ。住む場所も都会か田舎か、海外移住するかで必要な生活費は変わります。自分の送りたい老後に合わせて、資金計画を立てましょう。

憧れの海外移住♡
現実的に計算を！

住宅ローンに注意

現在、年金の受け取りは65歳から。住宅ローンを65歳までで組み、60歳で定年退職した場合、5年間の無収入期間のローン返済で老後資金を減らしてしまうことも。ローンの計画は慎重に！

60歳までに完済
できるようなプランを
完済

老後に必要なお金

将来受け取る年金額と比べ、不足分を貯蓄などでカバーしましょう。

受給モデル例（月額）

①夫婦ともに自営業の場合 ………………… 約13万円
②夫が会社員・妻が専業主婦の場合 …… 約22万円
③夫婦ともに会社員の場合 ………………… 約29万円
④独身男性・会社員の場合 ………………… 約16万円
⑤独身女性・会社員の場合 ………………… 約13万円

※会社員は40年間就労（女性の厚生年金額を7割と仮定）。
※受給額は1世帯ごと。

例 夫婦2人暮らし（夫：会社員・妻：専業主婦）の場合

受給額 毎月約22万円	25年間で約6600万円受給
最低限必要な生活費 毎月約22.0万円	25年間で約6600万円必要
ゆとりある生活費 毎月約34.9万円	25年間で約1億470万円必要

約4000万足りない！

例 独身女性1人暮らしの場合（生活費7割と仮定）

受給額 毎月約13万円	25年間で約3900万円受給
最低限必要な生活費 毎月約15.4万円	25年間で約4620万円必要
ゆとりある生活費 毎月約24.4万円	25年間で約7320万円必要

約700万足りない！

約3400万足りない！

※生活費の額は、生命保険文化センター『平成28年度 生活保障に関する調査』より。

公的年金だけで補えない分は『自分年金』（→P166）などで貯蓄を。少額でも若いうちからコツコツと資金を貯めていくのがポイントです。

もらえる年金

年金額は加入期間と収入で決まる

年金には加入期間で決まる『国民年金』と、加入期間と加入期間中の給与の平均で決まる『厚生年金』があります。

国民年金に40年間加入した場合、もらえる年金は月に約６万５０００円、会社員の夫と専業主婦の妻の標準的な年金額は約22万円です。（２０１８年度価格）。

ねんきん定期便などで加入期間を確認し、早めに未納などをなくすことが大切です。

年金がもらえるのは65歳からが基本

60歳で退職した場合、年金支給までの5年間は収入が途絶えることに。繰り上げ支給で早く受け取ることもできますが、年金額が減ってしまうので注意しましょう。

転職時の加入期間

会社員・公務員の場合は、異なる勤め先での加入期間が合計されていきます。途中で自営業になった場合、計算に注意が必要です。

職業別・受給額目安

夫婦2人の老後の
生活費と比べてみよう

夫婦の職業や年収、加入期間で受け取る年金額は変わります。

夫婦ともに自営業

夫：国民年金　妻：国民年金　毎月約 13 万円

夫が会社員・妻が専業主婦

夫：厚生年金　妻：国民年金　毎月約 22 万円

夫婦ともに会社員

夫：厚生年金　妻：厚生年金　毎月約 29 万円

※上記は 1 世帯ごとの受給目安を、厚生労働省発表の年金受給額モデルケースなどを参考に作成（妻の厚生年金額を 7 割と仮定）。同じ立場の夫婦でも加入期間・年収などで受給額は異なります。

繰り上げ・繰り下げ支給

年齢で受給額が
変わるぞ

老齢基礎年金は 65 歳以降に受け取るのが基本ですが、それより前・後に受け取ることもできます。

※昭和 16 年 4 月 2 日以降生まれの人に限ります。

繰り上げ受給　早くもらえる分、受給額が減ります。一度決まった減額率は一生変わらないので、慎重に選ぶようにしましょう。

受給開始年齢	60 歳	61 歳	62 歳	63 歳	64 歳
受給減額率	24.5～30%	18.5～24%	12.5～18%	6.5～12%	0.5～6%

繰り下げ受給　66 歳以降に老齢基礎年金を申請すると、増額された年金が支給されます。加算率は一生変わりません。

受給開始年齢	66 歳	67 歳	68 歳	69 歳	70 歳～
受給加算率	8.4～16.1%	16.8～24.5%	25.2～32.9%	33.6～41.3%	42.0%

老齢厚生年金も、老齢基礎年金と同じ加算率で繰り下げ支給ができます。（2007 年 4 月以降に、65 歳からの老齢厚生年金受給権を得た人が対象）

年金の種類

老後・死亡・障害の3つを支える公的年金

公的年金には、『国民年金』と『厚生年金』があり、『国民年金』は20歳以上の国民に加入が義務づけられています。職業によって第1～3号に分けられ、加入期間や収入に応じた年金を老後に一生涯受け取れます。

1階～
2階♡
国民年金
厚生年金
国民年金
1号
2号
自分が何号かをチェック！

公的年金の3つの保障

年金というと『老後の生活費』というイメージが強いですが、その他にも保障があります。

老齢年金
原則65歳以上で支給。老後の生活を生涯支えます。

遺族年金
生計を支える人が亡くなった場合、残された遺族の生活を支えます。

障害年金
事故などで障害を負った人に支給されます。

保障にプラスできる年金

第1号被保険者は『国民年金基金』に加入すると、基礎年金に上乗せした金額を受け取れます。その他に「付加年金」や「個人型確定拠出年金（iDeCo）」があります。

国民年金基金と
付加年金の同時加入は
できません
納付額・受給額で
検討しましょう
納付
受給

老後のくらしを支える老齢年金

職業・立場によって、加入する年金が変わります。

	国民年金	厚生年金
加入者	20～60歳の国内在住者	●会社員 ●公務員 ●船員など ※国民年金にも同時加入する
保険料	1人：1万6340円／月 （2018年度） ※会社員・公務員の配偶者で扶養されている人は負担なしだが、年収130万超なら保険料を支払います。	給与・賞与の9.15% （2017年9月～） ※同額を会社が負担。
支払方法	●本人持参 ●振込み ●口座振替 ●インターネットなど	給与より天引き
支払期間	20～60歳までの 40年間が原則	在職期間中（最長70歳まで） ※20歳未満も支払います。
受け取る年金	●老齢基礎年金	●老齢厚生年金
受給額	満額で77万9300円 （2018年度） ※加入期間によって受給額は異なります。	$\frac{\text{年収}}{\text{12ヵ月}}$×一定乗率×加入期間 （2003年4月以降） ※加入期間・生年月日・収入によって異なります。
受給期間	65歳から一生涯 ※60歳から繰り上げ、70歳まで繰り下げの支給開始も可能。	65歳から一生涯 ※60歳から繰り上げ、70歳まで繰り下げの支給開始も可能。 ※生年月日などの諸条件を満たした人には60～65歳まで『特別支給の老齢厚生年金』が支給されます。

残された家族を守る遺族年金

遺族年金には３種類あり、亡くなった人の職業によって受け取れる遺族の範囲や年金の種類が異なります。

	国民年金	厚生年金
遺族年金受給の対象者	国民年金加入者に生計を維持されていた ●子どものいる配偶者 ●子ども ※18歳になった年度末までの子ども。	厚生年金加入者に生計を維持されていた ●妻・夫・子ども ●父母　●孫 ●祖父母 ※妻を除いて年齢などの条件あり。

※遺族の年収が850万円未満で生計を維持されていることが要件です。

	国民年金	厚生年金
受け取る遺族年金	●遺族基礎年金	●遺族厚生年金
受給ケース	遺族の妻に18歳到達年度の末日までにある子どもがいれば受給できる ※子どもがいなければ受給できません。	『遺族厚生年金』は、子どもの有無に関係なく、遺族の妻は一生涯受け取れる ※子のいない30歳未満の妻は５年間の有期年金になります。
年度額	77万9300円＋子の加算 第１子・第２子 各22万4300円 第３子以降　各７万4800円 （2018年度）	本人が受けとるはずだった厚生年金（報酬比例部分）の3/4 ※加入期間25年未満でも25年として計算。

※子どもは18歳到達年度の末日までの子どものほかに、20歳未満で１級・２級の障害状態にある子どもも含む。

中高齢寡婦加算

夫が亡くなったときに40歳以上65歳未満で子どものない妻（夫の死亡後40歳に達したときには子がいた妻も含む）が受けとる遺族厚生年金に40～65歳になるまでの間加算されます。（58万4500円　2018年度）※一定の要件あり

18歳未満の子どもがいない自営業の妻など、遺族年金が受け取れない場合でも、条件を満たせば60～65歳まで『寡《か》婦《ふ》年金』が受け取れます。

障害者をサポートする障害年金

一定の障害状態になった場合、受け取れます。職業によって支給額や支給対象の範囲が変わります。

	国民年金	厚生年金
受け取る遺族年金	●障害基礎年金	●障害厚生年金
受給ケース	障害等級1・2級になった被保険者が受け取れる	障害等級1・2・3級になった被保険者が受け取れる
年金額	【1級】77万9300円×1.25＋子の加算※ 【2級】77万9300円＋子の加算※ ※1人目・2人目は22万4300円 3人目以降は各7万4800円	【1級】（報酬比例の年金額）×1.25＋〔配偶者の加給年金額（22万4300円）〕※ 【2級】（報酬比例の年金額）＋〔配偶者の加給年金額（22万4300円）〕※ 【3級】（報酬比例の年金額）最低保障額58万4500円 ※生計を維持されている65歳未満の配偶者がいるときに加算されます。

（金額は2018年度）

※子どもの場合、『障害年金の子どもの加算』と、障害者の配偶者が受け取る『児童扶養手当』を二重に受け取ることはできません。

自営業者の年金に上乗せ・付加年金

老齢基礎年金のみ受け取る第1号被保険者も、付加年金に任意加入することで老齢基礎年金に上乗せでき、老後に備えることができます。

付加年金料 **国民年金保険料に毎月400円をプラスして納付**

→ 65歳から毎年『付加年金額200円×納付月数分』が老齢基礎年金に上乗せされて受け取れます。

例 40～60歳まで20年（240ヵ月）払った場合

払った分は２年で取り戻せる！

支払い額 **月400円×240ヵ月＝9万6000円**

毎年の受給額 **月200円×240ヵ月＝4万8000円**

毎年4万8000円が年金に上乗せされます。

※付加年金は、国民年金基金との同時加入はできません。

未納と免除

未納が続くと対象外に困ったら免除を申請

年金保険料を払わず未納のままにしていると、受け取れる年金額が減ったり、万が一のときに年金が受け取れないということも。どうしても払えない場合は、免除申請をするようにしましょう。

遺族・障害年金の受給条件

遺族年金は『死亡日の前々月』、障害年金は『初診日（障害の診療を受けた日）の前々月』までの被保険者期間のうち、国民年金の保険料納付済期間と免除期間の合計が3分の2以上なら受給できます。

※死亡日・初診日と年齢の一定条件を満たす場合、前々月までの直近1年間に保険料の未納がなければ受給できます。

厚生年金の免除制度

3歳未満の子どもがいる場合、次の免除制度が利用できます。

育児休業等期間中の免除

育児休業などの期間中に申請すると、保険料が免除されます。免除分は納付されたとみなされます。

養育期間中の標準報酬月額の保障

勤務短縮などで標準報酬月額が子育て前より低くなった場合、低くなった額をもとに保険料が天引きされます。年金額の計算は、子育て前の報酬月額がもとになります。

国民年金保険料の免除について

免除を受けても
年金を満額もらうには
追納が必要です
免除分
納付済
追納

経済的な理由で納付が難しい場合、申請し認められれば免除や猶予が受けられます。

免除額		年金受給額	
		2009年3月まで	2009年4月以降
全額免除		1/3	1/2
一部免除	1/4 納付	1/2	5/8
	1/2 納付	2/3	3/4
	3/4 納付	5/6	7/8

※所得が一定以下などの条件が必要です。

学生の納付特例

20歳以上の学生本人の前年所得が一定額以下の場合、保険料の納付が猶予されます。

納付猶予制度

20～50歳未満での本人・配偶者の前年所得が一定額以下の場合、保険料の納付が猶予されます。

生活保護法の生活扶助を受けている人や障害基礎年金の受給者は、届け出すれば『法的免除』が受けられ、保険料が全額免除になります。

未納分はどうしたらいい？

期限内に払おう
未納分

年金未納分を支払うと、保険料納付済期間に加算されます。未納分が『滞納』か『免除』かで納付できる期間が変わるので注意しましょう。

滞納期間分について

直前の2年間まで『納付』可能。

※ 2018年9月末までは、直前の5年間まで納付可能。

免除期間分について

直前の10年間まで『追納』可能。

直近2年間に『滞納期間』と『免除期間』の両方がある場合、納付可能期間の短い『滞納分の納付』のほうを優先して払いましょう。

自分年金

自分年金で公的年金をカバーしよう

どんな老後を過ごしたいかで、必要になる額はさまざま。公的年金だけでは足りない部分は、貯蓄や個人年金保険などで『自分年金』をつくり、補うようにしましょう。

老後の安心は若いうちからつくるのじゃ
自分年金
公的年金

自分年金の４つの方法

自分年金づくりに活用できる商品の特徴を知り、貯蓄ペースや老後の資金計画にあうものを選びましょう。

自動積立定期預金（→ P29）

自分のペースで貯蓄でき、元本割れもなく安全。金利が低く、利益が少ないのがデメリット。

BANK

給与
貯蓄

財形年金貯蓄（→ P29）

会社に制度があり、55 歳未満なら利用可能。給与天引きで無理なく貯蓄でき、一定額まで非課税。

投資信託（→ P184）

運用次第で投資額より大きな収益が期待できます。投資額より収益が下がるリスクもあるので注意。

個人年金保険

銀行や生命保険会社の商品。定額タイプ・変動タイプなど、さまざまな種類から選べます。

個人年金保険の種類

『受給額』『支給期間』で種類が分かれます。生命保険会社・JA・全労協などで扱われ、商品によって内容は異なります。

受給額

定額タイプ

契約時に決めた年齢から、決まった年金額を受け取ります。

変額タイプ

支払った保険料を株・債券などで資産運用し、その実績で年金額が変わります。

支給期間

一生涯タイプ

加入者が生きている限り、年金が受け取れます。

終身年金
一生涯年金を受け取れますが死亡後は支給されません。

保証期間付き終身年金
設定した保証期間中に加入者が死亡した場合、残りの期間につき年金または一時金として支払われます。

一定期間タイプ

契約時に定めた一定期間内だけ、年金が受け取れます。

有期年金
期間中に加入者が死亡した場合、死亡後の年金や死亡一時金は支給されません。

保証期間付き有期年金
有期年金に保証期間をつけたもの。保証期間中に加入者が死亡した場合、残りの期間につき年金または一時金として支払われます。

確定年金
保証期間の設定はなく、受け取り期間中に加入者が死亡した場合、残りの期間につき年金または一時金として支払われます。

第4章 増やすお金

お金をただ貯めておくのではなく
積極的に動かすことで
資金を増やし
人生を豊かにしていきましょう。

数日後
父さん よくなったんだって？
そうなの 今日はゴルフに 行っちゃったわ
そうだっ お母さん 私いろいろ調べたの
父さん もうすぐ定年だけど 年金のもらい方も いろいろあるんだって
資料持ってきたから また後で読んでね
あら
ありがと～ でも恵は 最近どうなの？
どうって？

ハイ お茶
好きなこと やれてる？
うん 大丈夫
アハハ…
正社員にもなれたし 次は結婚して 子育てかなー
覚えてる？ あんた小さい頃は 英語の先生になりたいって いってたわよね
フフ
え そうだっけ…
学生の頃 英語がんばってた じゃない
やりたいことがあるなら いつでもやりなさいね
父さんや母さんの幸せは あんたたちが夢を 叶えていくことなんだから
お母さん…

ただいま〜
これ お母さんから
おかえりー 父さんは？
おかえり
Web
マネー
うん もう 大丈夫みたい…
どうしたの なんか元気ないね
Web
ねぇ 小さい頃の 夢って 覚えてる？
は？ どうしたの 急に
今日お母さんに いわれちゃってさ そんなこと すっかり忘れてたよ
あんたの母さんは 自分の夢が叶えられ なかったんじゃよ
そうなの…
だからこそ あんたや健太には 夢を叶えてほしいんだろうね

そっか…でも資格を取るにも今の収入じゃ難しいな
副業ってのも厳しいし…
ねぇあんたもっとバリバリ働けないの?
無理いうなよー俺だってがんばって仕事増やしてるんだからさ
働く以外にもお金を増やす方法があるぞ
えっ何それ
「投資」じゃ
投資?
ばあちゃんいつの間にそんなこと…
2人が出かけとるときに新聞とネットで勉強したんじゃ
ふむふむ…
the 投資
おばあちゃん お金の家訓
7. 貯めたお金 賢く動かし 増やすべし
その成果を披露しようかの

投資とは？

「攻める」姿勢でお金を増やそう

株・債券・投資信託などに資金を出して利益を期待することを投資といいます。ただ銀行に預けているだけではお金を増やすのは難しいのですが、投資を活用することで貯蓄スピードを大きくアップさせることもできます。

お金に動いてもらうのじゃ

差が出る！投資の魅力

同じ額のお金でも、銀行預金よりも高い利回りで運用したほうが、利息も大きくなります。余裕資金を投資にまわすことで、高いリターンが期待できます。

例 100万円を10年運用した場合

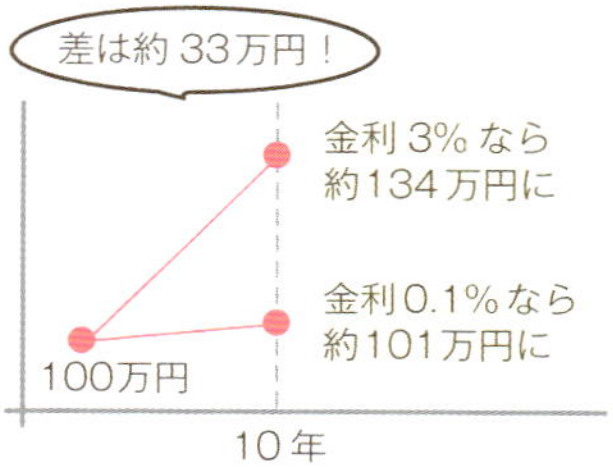
差は約33万円！
金利3%なら
約134万円に
金利0.1%なら
約101万円に
100万円
10年

※税金によって、実際の受取り額は上記より少なくなります。

リスクとリターン

預貯金額や投資額を『元本《がんぽん》』といい、『元本保証』されている預貯金は利息は低くても元本より減ることはありません。投資はリターン（収益）が期待できる分、元本保証がなく、投資額より下回る『元本割れ』もあります。

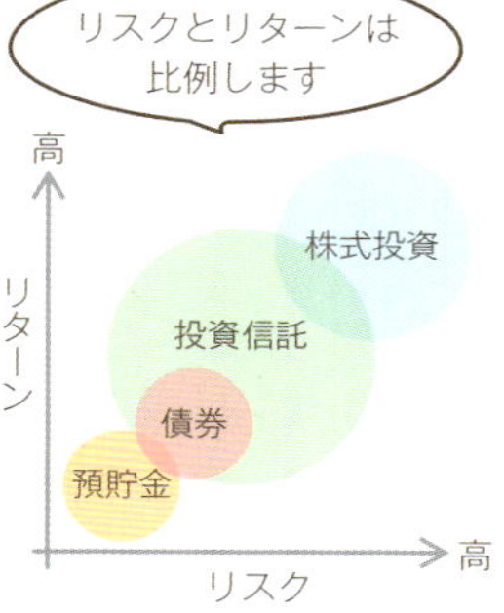
リスクとリターンは比例します
高
リターン
株式投資
投資信託
債券
預貯金
高
リスク

投資するときの心構え

高い利益が得られる反面、リスクもあるのが投資。安易な気持ちで手を出して痛い目にあわないよう、きちんとした姿勢で臨みましょう。

投資の目的をハッキリと

「何のために」「いつまでに」「いくら」お金を増やしたいのかを明確に。目的にあった投資プランが立てられます。

余裕のある資金で行う

投資に全資金をつぎ込むと、収益が出なかった場合に生活が圧迫される恐れも。余裕資金で投資するのが鉄則です。

『日常生活費』『結婚・子育てなど、使う目的と時期が明確なお金』『緊急時のお金』の３つ（目安は生活費６ヵ月分）を確保した上で投資します。

投資するリスクを知って商品を選ぶ

リスクとリターンを見て、目的に合う商品を選びましょう。

価格変動リスク

価格が変動することで投資した資産の価値が上がったり下がったりする可能性があること。

信用リスク

投資先企業の経営悪化や破たんで、元本や利息の支払いが滞る可能性があること。

流動性リスク

売買できなかったり、できたとしても不利な条件で不利益を被る可能性があること。

インフレリスク

インフレ（物価上昇）を受けて、お金の価値が目減りすること。

いろいろな投資

自分の目的に合った投資方法を選ぼう

一口に投資といっても、その方法や商品はさまざまです。それぞれの商品の特徴やメリット・起こりうるリスクなどもしっかり調べて、選ぶようにしましょう。

どれにしよう♡
外貨
株
債券
見る目が大事じゃ！

金融商品の3つの性質

すべての性質を持つ商品はありません。どれを重視するかで選びましょう。

流動性

現金に換金しやすく、いつでも出し入れ可能なもの。

例）銀行の普通預金、証券会社のＭＲＦなど。

MRFは公社債や短期金融商品などを中心に運用します

●MRF… 預けた即日から換金できます。

安全性

元本が確保されているなど、安全で確実に運用できるもの。

例）定期預金、個人向け国債、公社債など。

収益性

大きな収益が期待できるが、元本割れの可能性もあるもの。

例）株、投資信託、外貨預金、外貨ＭＭＦなど。

外貨ＭＭＦとは、ドルやユーロなどの外貨で運用する投資信託。

投資の種類

投資も種類によって、仕組みが異なります。それぞれの特徴を知って、自分に合うものを選ぶようにしましょう。

株式投資（→ P180）

株式会社が資金を集めるために発行する『株』を売買する方法。売却益や配当金・株主優待サービスなどが受けられます。1000 円程度から買えるプチ株なども。

債券（→ P182）

国や地方自治体・会社がお金を借りるために発行する『債券』を買う方法。預金より高い利回りのものが多く、1 万円程度から購入可能。

投資信託（→ P184）

専門家にお金を預け、株や債券などでの運用を依頼する方法。毎月 1000 円や 5000 円の少額から始められるものもあります。

外貨投資（→ P186）

ドルやユーロなど、外国の金融商品を運用する方法。外貨預金や外貨 MMF、外国債券などさまざまあります。

運用のポイント

広く情報を集めて賢い運用を

運用のコツは、1つの商品だけにこだわらず、さまざまな利点を持つ商品を組み合わせること。景気・金利の動きや情報をこまめにチェックし、自分にとって好条件の商品を賢く運用しましょう。

要チェック!!
景気
金利

失敗しない2つの方法

ポイントを押さえ、運用のリスクを減らすようにしましょう。

A
B
C
資金

分散投資

投資先・資産・地域を分散したり、投資する時期も分けましょう。

株
10年以上

長期投資

長期運用すると、短期投資に比べ安定した収益が期待できます。

景気と金利をチェック

景気が回復しているときは金利の上昇を狙って『変動金利』を、景気が悪くなるときは金利が変わらない『固定金利』を活用するようにしましょう。

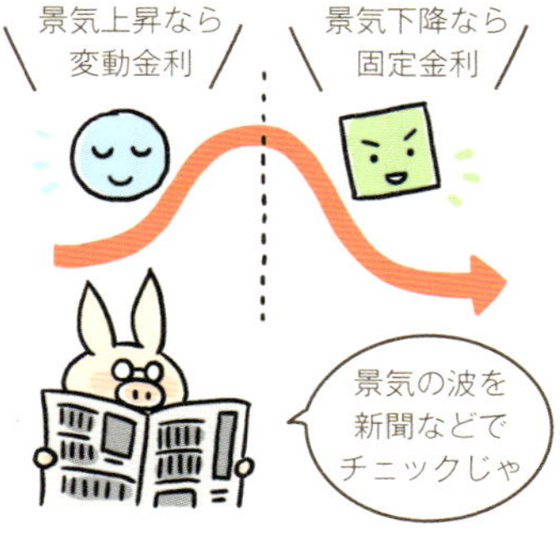

景気上昇なら
変動金利
景気下降なら
固定金利
景気の波を
新聞などで
チェックじゃ

単利運用・複利運用とは？

投資の利息は『単利』『複利』の２つの計算方法があります。

単利運用

元本にだけ利息がつく

最初に預けた元本にのみ利息がつく方式。

複利運用

元本＋利息に、利息がつく

運用中に生まれた利息を元本に加えていく方式。

※商品によって計算方法は異なります。

例 元本100万円を年利 5% で預けた場合

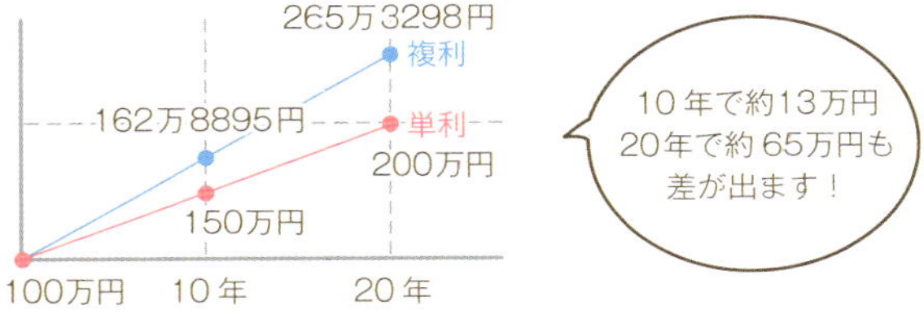

複利商品は、生まれた利息をどのくらいの期間で元本に加えるかで『1年複利』『半年複利』『1ヵ月複利』の３つに分かれます。元本が毎月大きくなる『1ヵ月複利』だと、お金を増やすスピードが速まります。

72 の法則

『72』を選んだ金融商品の金利で割ると、複利運用で元本が２倍になるまでに何年かかるかが計算できます。

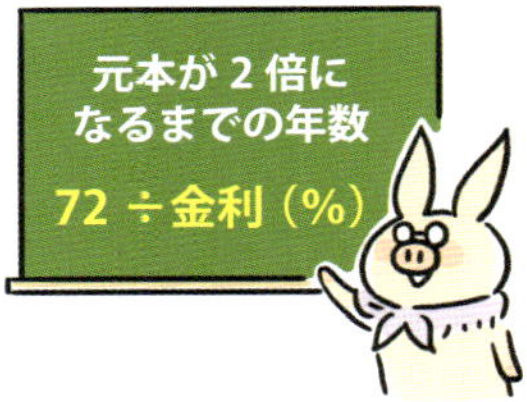

例 100万円を 0.3% の預金で運用すると

200万円まで 240年（＝72÷0.3）

例 100万円を年利 4% の投資で運用すると

200万円まで 18年（＝72÷4）

株式投資

企業を応援することで利益の一部を受け取る

企業は銀行からの借入れの他に、株や債券を発行して活動資金を集めます。その株を購入して配当金や優待などを受けたり、売買で利益を得ることを『株式投資』といいます。

株を通じて企業の活動を応援！

株式投資の始め方

証券会社決定・口座を開設

取り扱い商品・手数料・サービスなどを調べて選びましょう。

総合証券……証券マンに相談可能
ネット証券…手数料が安く、好きな時間に活用できる

▶

企業情報・株価のリサーチ

経済の状況や、これからの成長が期待できる企業の情報を集めます。

▶

株の売買の注文

直接取引できるのは平日9～11時半、12時半～15時まで。ネット証券は、24時間いつでも注文可能です。

株式投資にかかるコスト

購入時

売買手数料
1取引ごとや、1日・1ヵ月ごとなど、証券会社によって異なります。

▶▶

保有中

口座管理料
口座の維持・管理にかかるコスト。ネット証券はほとんどのところが無料。

▶▶

売却時

売買手数料
購入時と同じく手数料が必要。

その他、売却益や配当金に対しての税金もかかります。

株式投資の魅力

株式投資で得られる利益は大きく分けると『売却益』『配当金』『株主優待』の３つです。目的に合わせて銘柄選びをしましょう。

売却益

購入時より値上がりしたときに株を売れば、その分利益を得ることができます。

利益
株価
株価
購入時
売却時

利益
配当金

配当金

企業に利益が出たとき、その一部を配当金として株主に還元。半年～１年の単位で、権利月の持ち株数に応じて受け取れます。

※実施していない企業もあります。

株主優待

年に１～２回、企業が自社商品やサービスなどを株主に贈ります。優待を目当てに株を選ぶ人も。

※実施していない企業もあります。

商品やクーポンなど会社によってさまざま

銘柄選びのポイント

ネット証券などで成長しそうな企業をチェック

❶業績のいい会社を見つける
❷安い株価で買う

ネット証券の『スクリーニング』機能を使うと、「利回り3％で10万円以内の株を探したい」など、希望の条件に合う銘柄を抽出できます。

債券

安全性が高く、手堅く運用できるのが魅力

『債券』とは、国や企業などが資金を集める際に発行するもの。定期的に利息が受け取れ、満期には元本が戻ってきます。子どもの大学進学時など、大きな資金が必要なときに満期になる債券を買うのも効果的。

途中売却の場合
元本が保証されないので
注意じゃ
債券
元本

債券投資の始め方

取引口座の開設・入金

証券会社や銀行に取引用の口座を開きます。取引量やサポート面を考えると証券会社のほうが便利です。

債券を選ぶ

利回りや信用度などをチェックし、投資する債券を選びます。

債券を売買する

個人向け国債は
発売日が決まって
いるので早めに
チェック！

債券の種類

債券はどこから発行されるかによって、大きく3つに分かれます。

公共債

国が発行する『国債』と地方自治体が発行する『地方債』があります。信用リスクが低く、安心・安定した運用ができます。

社債（民間債）

企業が発行する『事業債』と金融機関が発行する『金融債』があります。一般的に、国債より利回りが高いのですが、信用力は低くなります。

外国債券

外国の政府・企業などが発行。
（外貨建てで発行される債券も含む）

個人向け国債

1万円から購入でき、一定期間後にはいつでも換金できる手軽さで人気の『個人向け国債』。金利と期間で3つのタイプがあります。

募集などの情報は
財務省HPなどで
チェック

固定金利タイプ	変動金利タイプ
期間は『3年』と『5年』	期間は『10年』
利率は満期まで変わらない（発行時点で投資結果がわかる）	半年ごとに利率が変わる（利率によって投資結果が変わる）
毎月発行	
発行から一年が過ぎれば、いつでも換金可能	

※「直前2回分の各利子（税引前）×0.79685」の金額が差し引かれます。

信用度をチェック

債券は安全といっても、発行先の企業などが倒産すれば元本割れの恐れも。格付機関が発表している『信用格付』から、発行先の信用リスクを確認しましょう。

信用力	ムーディーズ	S&P
高	Aaa	AAA
	Aa	AA
	A	A
	Baa	BBB
	Ba	BB
	B	B
低	Caa～C	CCC～D

日本の金融庁認定の格付機関は、海外の『ムーディーズ』『スタンダード・アンド・プアーズ（S&P）』『フィッチ』、国内の『日本格付研究所（JCR）』『格付投資情報センター（R&I）』。HPなどで格付をチェックできます。

投資信託

投資のプロに任せて気軽に幅広い運用をしよう

投資家のお金を集め、専門家（ファンドマネージャー）が国内外の株・債券などに投資することを『投資信託』といいます。元本保証はされていませんが、少額で多くの商品に投資できるのが魅力です。

ファンドマネージャーが運用する金融商品をファンドというんじゃ
Net.証券

ネット証券だと手数料が安く便利

投資信託の始め方

取引口座の開設・入金

証券会社や銀行に取引用の口座を開きます。ネット証券は販売手数料無料（ノーロード）が多く、簡単に売買取引や口座開設ができるのが魅力。

▼

運用方法・対象を選ぶ

▼

目論見書《もくろみしょ》の確認

ファンドの投資方針や運用成績、手数料、リスクなどを確認しましょう。

▼

購入の申し込み

一括・積立などの購入方法があります。

投資信託にかかるコスト

購入時

購入手数料

同じファンドの購入でも、販売金融機関によって手数料が異なります。また、購入額に応じて手数料の料率が変わることも。

▼

保有中

信託報酬

運用中に支払う費用。運用資金から毎日自動的に引かれます。

▼

売却時

信託財産留保額

解約時にかかる費用。払わなくていいファンドもあります。

（購入時にかかるものもある）

その他、売却益や配当金に対しての税金もかかります。

投資信託の２つのメリット

プロの力を借りて毎月数千円からでも投資できるので、初心者でも気軽に始めやすいのが魅力。その分かかる手数料に注意しましょう。

投資のプロに任せられる

専門家がスキルを活かして情報収集や分析をし、銘柄選定や売買・リスク分散を行ってくれます。

数千円～１万円から購入可能

少額で買える商品が多く、気軽に投資できます。個人では購入しにくい海外の商品に投資できるのも魅力。

選び方の３つのポイント

公社債投信 or 株式投信

『公社債投信』は公社債中心で、安全・安定した運用ができます。『株式投信』は株を含む豊富な種類から選べ、積極的に運用できます。

インデックス型 or アクティブ型

『インデックス型』は株価指数に連動させて運用することが目標。手数料が安く、平均的な値引きでわかりやすいのも特徴。『アクティブ型』は平均を上回る運用が目標。調査・分析などをする分手数料も高くなります。

手数料をチェック

同じ内容なら『信託報酬』が安いものを選ぶのがオススメです。

外貨投資

日本より金利のいい外貨で収益アップを狙う

『外貨投資』とは、円をドルやユーロなど、外国のお金に替えて運用すること。日本より金利のいい商品で収益を得たり、海外の商品に分散投資することができます。

海外の高金利を賢く活用♪

外貨投資の始め方

取引口座の開設・入金

証券会社や銀行に取引用の口座を開きます。ネット証券なら手数料が安く、時間を気にせず取引ができます。

▶▶

日本円を外貨に両替

両替時の為替手数料は、店頭よりネット取引、マイナー通貨よりメジャー通貨のほうが安いのが一般的。

為替コストは手数料の額ではなく、為替レートに対する為替手数料率で比較し、割安か割高かを判断します。

▶▶

外貨商品の購入

外貨投資にかかるコスト

購入時

為替手数料

TTSという為替レートを用いて、円を外貨に両替するのにかかる手数料。金融機関や商品、通貨によって異なります。

▶▶

保有中

特にありません

（投資信託は信託報酬がかかる）

▶▶

売却時

為替手数料

TTBという為替レートを用いて、外貨を円に両替するのにかかる手数料。

その他、為替差益や利息などに対しての税金もかかります。

外貨投資の種類

海外には、日本より高金利の商品も。日本の普通預金に預けたままにしておくより、大きな収益が期待できます。

外貨預金

普通・定期預金の外貨版。外貨ベースで元本が保証され、海外の高金利が適用されます。

外国債券

海外発行の債券。高金利で収益が得られ、満期終了時の元本が外貨ベースで保証。

外貨 MMF

ドルなどの外貨で行う投資信託。高格付けの短期金融商品で運用されています。

外貨 FX

証拠金を使って為替取引を行う投資法。大きなリターンが期待できる分、リスクも大。

円高・円安に注目

外貨投資には為替リスクがあります。外貨に対して円の価値が高いことを『円高』、低いことを『円安』といいます。うまく利用して差額でプラスを生みましょう。

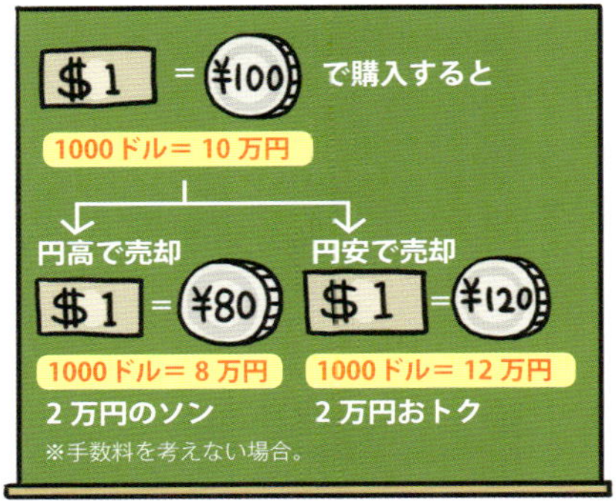

円安売却を狙う

円高時に外貨商品を購入し、それより円安になったときに売ることで、為替差益を得ることができます。

NISA（少額投資非課税制度）

知らないと損！ 投資金額120万円／年まで非課税に

NISAとは、NISA口座（非課税口座）内で、毎年一定金額の範囲内で購入した株式や投資信託などから得られる利益に税金がかからなくなる制度です。

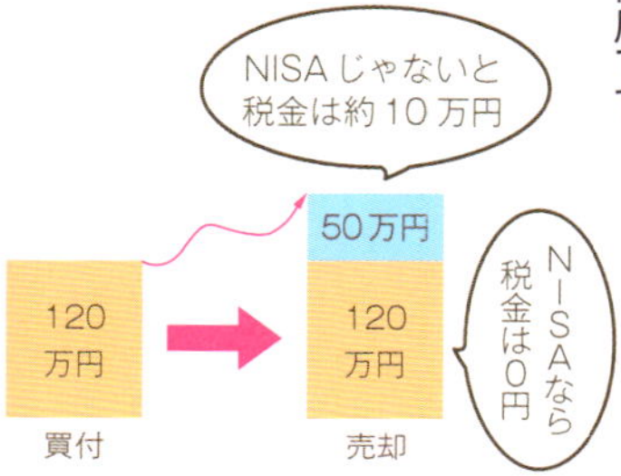

NISAの種類

『NISA』・『ジュニアNISA』・『つみたてNISA』があります。

NISA

日本に住む20歳以上の人が対象。

年間120万円まで投資が可能で、非課税期間は最長5年間です。株式や投資信託などの配当・譲渡益等が非課税対象となる制度です。

投資総額は最大600万円まで。

つみたてNISA

日本に住む20歳以上の人が対象。

年間40万円まで投資が可能で、購入方法は積み立てに限られています。

非課税期間は最長20年間と長く、購入できる商品は、長期・積立・分散投資に適した一定の投資信託に限られています。投資総額は最大800万円まで。一般NISAとの選択制です。

ジュニアNISA

日本在住の0～19歳の人が対象。

原則として親権者等が代理で運用します。また、18歳（3月末で18歳である前年12月末）まで払出し制限があります。

年間80万円まで投資が可能で、非課税期間は最長5年間です。制度終了後も20歳になるまでは非課税で保有可能。

NISA口座で買えるもの・買えないもの

NISA口座で買える主なものは以下の4種です。買えないものも覚えておきましょう。

上場株式
株式投資信託
ETF（上場投資信託）
REIT（不動産投資信託）
など

預金　保険
個人向け国債
国債　社債
外国債券　FX
など

NISAをはじめるには

NISAを利用するときには、NISA口座の申込み手続きが必要です。
NISA口座を取り扱っている金融機関で、1年に1人につき1つの口座が開設できます。

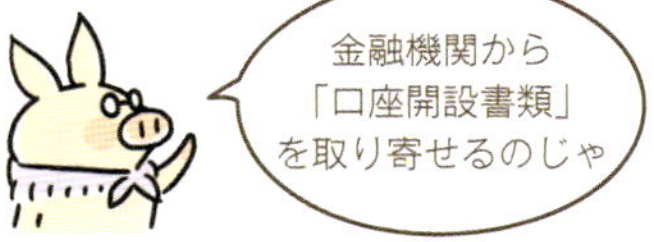
金融機関から
「口座開設書類」
を取り寄せるのじゃ

・証券会社（ネットもある）
・都市銀行　・地方銀行
・ゆうちょ銀行　・信用金庫
など

注意点

・その年の投資枠の未使用分を翌年に繰り越すことはできません。
・売却していた空いた枠を再利用することはできません。
・他の口座で保有している金融商品をNISA口座に移すことはできません。
・損が発生した場合には、他の口座と損益通算することができません。

金融期間選びのポイント

取扱い商品

金融機関によって、取り扱う商品が異なります。投資したい商品を扱っている金融機関を選びましょう。

手数料

株式の売買手数料や投資信託の申込手数料なども、金融機関によって異なります。しっかりチェックしましょう。

相談窓口

大きく分けて『対面』と『ネット』があります。ニールサービスや対応している曜日、時間帯も確認しましょう。

iDeCo（個人型確定拠出年金）

自ら積みたて、運用し、年金をつくる

確定拠出年金は、会社で導入している『企業型』と個人で利用する『個人型（iDeCo）』があります。iDeCoは自分でお金を出して運用し、老後資産をつくる制度です。

iDeCoの仕組み

③60歳以降に受け取る
受け取る金額は運用により変わる
②自分自身で運用する
複数の金融商品から選択。いくつでも選択でき、商品の変更ができます
年金原資
掛金累計
①掛金を出す

iDeCoの税制優遇

iDeCoを利用したときに、どんな税制優遇を受けられるのか、掛金の上限はいくらなのかを見てみましょう。

iDeCo税制優遇

①掛金を払うとき
…掛金が非課税（所得控除の対象）になり、所得税・住民税が安くなります。

②運用している間
…運用している間の運用益に対する税金も非課税で、効率よく運用できます。

③受けとるとき
…『退職所得控除』『公的年金等控除』などの控除対象で、税負担が軽くなります。

iDeCo掛金上限額

公務員
14.4万円
（月1.2万円）

専業主婦
27.6万円
（月2.3万円）

自営業・フリーランスなど
81.6万円※1
（月6.8万円）

会社員
14.4万円～27.6万円※2
（月1.2万円～2.3万円）

※1 国民年金基金と合算した額。
※2 会社の制度によって異なる。企業型がある場合は規約に個人型に加入できる旨の記載が必要など条件あり。

iDeCo　加入から給付まで

加入から給付までは、大きく分けて以下の４つのステップを踏むことになります。

①加入：金融機関（運営管理機関）を選んで加入手続きをする

金融機関によって、商品ラインナップはさまざまです。商品の品ぞろえや毎月かかる口座管理手数料は、しっかり比較しましょう。ウェブやコールサービスなどの利便性もチェック。

②拠出：掛金額を決めて、掛金を払う

上限額の範囲内で月々 5000 円から 1000 円単位で自由に設定でき、年 1 回変更もできます（2018 年 1 月より年単位拠出も可能になりました）。無理なく負担でき､60 歳まで解約できなくても困らない金額で選択しましょう。

③運用：商品を選択し、運用する

預金・保険・投資信託の中からどの商品を何%ずつ買うかを決めて、運用します。ひとつの商品だけでも、複数の商品を組み合わせることもできます。

運用中は、ウェブ上で自分の運用状況が確認でき、定期的に運用の報告書も届きます。

④給付：お金を受取る

原則 60 歳※以降に、一括で一時金で受け取るか、分けて年金で受け取ることができます。受け取る金額は、運用成果によって変わります。また、掛金の拠出は 60 歳までですが、70 歳になるまで運用を続けることもできます。

※加入期間が 10 年に満たない場合は、期間に応じて 60 歳以降にずらして受け取ります。

ワイワイ
ワイワイ
先輩
素敵なマンションですね
うん
直美さんのおかげでいい物件が選べたよ
ありがとうございます
へー
子どもも生まれるし
次は昇進を目指してがんばります！
おめでとう
ワーワー
ガンバレよー

私はFPの活動を本格的に始めるわ
そうなんですか!?
そう恵ちゃんたちのおかげで自信を持つことができてね
子どもとの時間を大切にしながらチャレンジしてみるわ
ねっ
応援します! 手伝えることがあればいってください!
うふふ、ありがとう これからもよろしくね
俺も来年はルームシェアを卒業します!
ハイッ
え!!
急にどうしたの!?
だって姉ちゃんと暮らしてたら彼女だって自由に呼べないしさ
そうね…

ライターの彼女と webの仕事 がんばるって 決めたんだ
おぉ〜〜〜っ
やるじゃん
い、いつの間に… ひきこもり草食系 と思ってたのに
めー
ちなみに スマホプランは そのままで無料の IP電話（↓P39）を 活用してるぜ♪
ぐッ
そういう 恵ちゃんは これから どうするの？
私は… 夏から英会話 スクールに通います
そこで英語講師の 資格を取るの！
そうなの!?
大変 じゃない!?
お金は どうするの
ふふ、大丈夫 そのための資金は もうバッチリ 準備してるから
そして…

その後は
結婚資金！
キラーン
人生は自分で
プランニングして
いくのよ
2人とも
しっかりしてきたの
わぁ
ガンバッて
おめでと～
ワイワイ
もう
わしがブーブーいう
必要はなさそうじゃ
ス…
ポン
コトン…
幸せに
なるんじゃよ～

[監修] 森 朱美

ファイナンシャルプランナー（CFP®）／株式会社 家計の総合相談センター所属

大手自動車メーカー、グループ金融会社を経て、家計の総合相談センターに入社。東京・名古屋・大阪など全国６拠点でCFP®、税理士、社会保険労務士などのお金の専門家のメンバーとともに来店型相談センターを運営。企業でのライフプランセミナー、上場企業向け確定拠出年金講師、各種マネーセミナーでの講演活動のほか、新聞・雑誌などの執筆、テレビ出演などを通じ、ライフプランや資産運用についてわかりやすくアドバイスしている。

http://www.happylife.ne.jp

[参考文献]
すぐできる節約生活のきほん（池田書店）／貯める！貯金０円からのお金持ち入門（主婦の友社）／貯金ゼロからはじめる ハッピー・マネーアドバイス（あさ出版）／結婚１年生（サンクチュアリ出版）　他

※本書は2011年に小社より発行した『夢とお金をガッチリつかむ 金トレ!!』の改訂版です。
※本書の内容は2018年４月現在のものです。変更の可能性がありますので、最新情報については関連機関（財務省、国税庁、厚生労働省、日本年金機構、協会けんぽ、各自治体、各金融機関など）で確認してください。

イラスト　ねこまき（ミューズワーク）
装丁デザイン　宮下ヨシヲ（サイフォン グラフィカ）
本文デザイン　渡辺靖子（リベラル社）
組版　ハタ・メディア工房株式会社
編集　渡辺靖子・山田吉之（リベラル社）
編集人　伊藤光恵（リベラル社）
営業　榎正樹（リベラル社）

編集部　堀友香・上島俊秀・高清水純
営業部　津村卓・津田滋春・廣田修・青木ちはる・澤順二・大野勝司

夢とお金をガッチリつかむ 金トレ!! 改訂版

2018年5月28日　初版

編　集　リベラル社
発行者　隅田　直樹
発行所　株式会社 リベラル社
〒460-0008　名古屋市中区栄3-7-9　新鏡栄ビル8F
TEL 052-261-9101　FAX 052-261-9134　http://liberalsya.com
発　売　株式会社 星雲社
〒112-0005 東京都文京区水道1-3-30
TEL 03-3868-3275

　ISBN978-4-434-24710-1